REAMS
COME
TRUE

二冠王之夢

力爭上游
美夢成真

西元1997年，由於剛在《中時》編過《台灣戰後50年》，突然對歷史照片十分著迷，加上與《中央社》合作愉快，於是再接再厲，再向《中央社》購買一批照片，計劃再出四本書：《台灣結婚相簿》、《台灣選美相簿》、《台灣三冠王相簿》以及《台灣軍旅相簿》，前兩者隨後順利出版，後兩者編輯清樣都已打出，但最後的出版卻因經費緣故停頓，此後此事變成我心中的一塊大石，遲遲無法放下，直到七年後，我終於能將這兩本書付梓，內心快樂無比，多年的努力與等待總算有了答案。

民國59年夏天，那年暑假我即將升上國中，印象最深的是七虎隊在美國對尼加拉瓜隊的那一場比賽。我家裡還沒有電視，父母和姊姊們對少棒也沒特別注意，因此想辦法了解戰情成了我個人心中的渴望。

到了凌晨兩點鐘，我摸黑起床，打開收音機，裡面傳來萬里之外威廉波特球場上的聲音，有播報員的聲音，夾雜著觀眾的呼喊，我的一顆心也跟著飄到遙遠的球場，感受著比賽的緊張和興奮。七虎隊實力很強，在太平洋區預賽中把日本打得落花流水，因此大家都期待著七虎隊優異的表現。不料比賽開始以後，人們才知道尼加拉瓜隊的左投手巴茲不是泛泛之輩，七虎隊打不到他的球，連續三上三下，甚至讓尼加拉瓜搶先領先一分。戰局演變

得危急緊張，我這個12歲的小孩竟然不安地抖著身子，實在太焦急了。

我只好關上收音機，平息一下心神，同時又抱著某種童話式的願望，或許過一陣子我再打開收音機，會發現七虎隊奇蹟似地反敗為勝，我可以直接參與勝利的欣悅，不必忍受中間落後的折騰。

不過這種願望並沒有實現。為了消除緊張，在家人酣睡之際，我走到街頭逛逛，發現外頭不少房子亮著燈，顯然裡面的人都在觀看這場比賽。前方街邊有一個麵攤，旁邊有幾個人圍著一台黑白電視機，我忍不住附上前觀看，比賽已到了最後一局，電視螢幕傳來現場巨大的加油聲，一陣又一陣，最後逐漸歸於沉寂，七虎隊輸了，電視主播盛竹如眼中含著淚水。這就是我升國中那年寧靜的夏天裡，留下的清晰的一幕。

大約20後，當我作為一名新聞記者，採訪尼加拉瓜內戰時，曾特別到當年擊敗七虎隊的尼加拉瓜少棒的鄉鎮，他們是當地一所孤兒院裡的孤兒。孤兒院裡的神父說當年的少棒隊員早就不在了，這個國家正在打內戰，年輕人都到軍隊裡去了。鄉裡有一座棒球場，雜草荒蕪，外野看台塌掉了大半，看似幾年前被炮火轟掉的。幾個兒童正拿著木棍和皮球玩著棒球遊戲，而數十里

之遙的首都馬拉瓜市正洋溢著桑定政權的革命激情，整個景緻帶著拉美小說式的孤寂與荒謬意味。我實然體會到，我來探拜當年尼加拉瓜少棒的隊員，來訪問當年讓台灣社會同聲一哭的左投手巴茲，真實終究只是在追尋自己埋藏多年的心影。

我相信在台灣社會中，整整一代人都有著這種心影，只要輕輕一勾，就可以喚回當年參與其間的萬般滋味。那種滋味產生於一場又一場的精采球賽之間，擊出一支全壘打會引起街頭巷尾的歡聲雷動，關鍵時刻遭到三振時，你會感到整個城市都在嘆氣，同時可能也夾雜著咒罵聲，從選手罵到教練和裁判。這些百般的情緒波動伴隨著我們的成長，成為我們成長的一部份，從而也成為我們的一部份。

從民國57年紅葉少棒擊敗了日本少棒明星隊開始，穿越奮鬥向上的民國60年代，一直到開花結果的民國80年代，我們目睹以及參與了台灣棒球運動的點點滴滴，保有著最快樂美好的回憶，而總結起來，那種美好的感覺就是「力爭上游，美夢成真」，那幾乎是整個美好人生的精神意境和意義。

剛好幾年前我看了凱文科斯納主演的電影「夢幻成真」，談的是一個棒球場上的過往靈魂追求安息的故事，球場上有著人生的競爭、友誼、親情、焦慮、緊

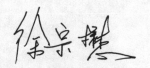

張、興奮、懊悔等等一切的情感，如此集中深刻，以至於永遠埋藏心中，永遠足以回味，永遠讓人覺得「如果還可以再來一次」。這部電影講的是美國球員和美國球迷的情懷，我卻完全能體會，我相信很多台灣人也能分享，因爲我們也有著本身版本的「夢幻成眞」。

這就是到了中年之際，我回頭編輯這本「台灣三冠王相簿」的動機，就是要記錄一段台灣社會的足跡，一段一代人均曾參與的美夢。

童年時，我曾跟一般孩童一樣，立志要當一名優秀的棒球投手，事與願違後，我又轉而希望擔任專門轉播棒球賽的廣播員，

這個期望也沒有實現，現在藉著這本相簿，我終於成爲「台灣棒球隊隊職員」名單中的一員，在21世紀初的今天，將大家帶回一段艱澀又快樂的時光。

徐宗懋

三冠王之夢
Contents

1971

巨人隊的勝利提高了棒球界的信心
決定繼續往世界青少棒進軍／p.122

1972

今年是中華少棒、青少棒
同時進軍世界的重要年份／p.168

1973

孩子們從夢想成為少棒國手
少棒已遠超過兒童體育的範疇／p.200

1974

「三冠王」是棒球運動的轉捩點
提高棒球運動揚威國際的自信心／p.230

1968

日本少棒明星隊竟敗在紅葉隊之手
震醒了台灣棒球運動

日本少棒明星隊來台灣與本地子弟舉行友誼賽，
結果竟敗在紅葉隊和中華聯隊之手，震醒了台灣棒球運動，
開啓了一段力爭上游的黃金歲月。

當時，台灣社會尚未脫離貧窮，一般學校無能力購買棒球裝備給學生。
兒童們只能用木棍和皮球做「棒球遊戲」，
有時甚至以石頭代替皮球，在困窘的練習環境中，
不缺的是競爭的意志和放手一搏的勇氣。

台東紅葉和嘉義垂楊是當年較活躍的少棒隊，
但放在台灣以外到底有多強則沒有人知道，
因爲學校送球隊到外縣市比賽經費都嫌不足，遑論出國參賽。

事實上，台灣社會不僅對外國球隊陌生，
甚至對國際少棒的通用規則和所使用的標準設備爲何，均不清楚。

具有世界少棒冠軍水準的日本少棒明星隊
在台灣連輸兩場的結果，提供了部份答案。

台灣少棒的實力不亞於外國，紅葉投手胡武漢、
強打胡勇輝被高高抬起，接受國人的歡呼。

接下來的台灣少棒是繼續充實自己，遠征世界。

無懼的紅葉球員
〔1968年（民國57年）8月25日〕
紅葉隊與日本少棒明星隊比賽中，一名上壘的紅葉隊員正伺機盜壘。（馮國鏘攝）

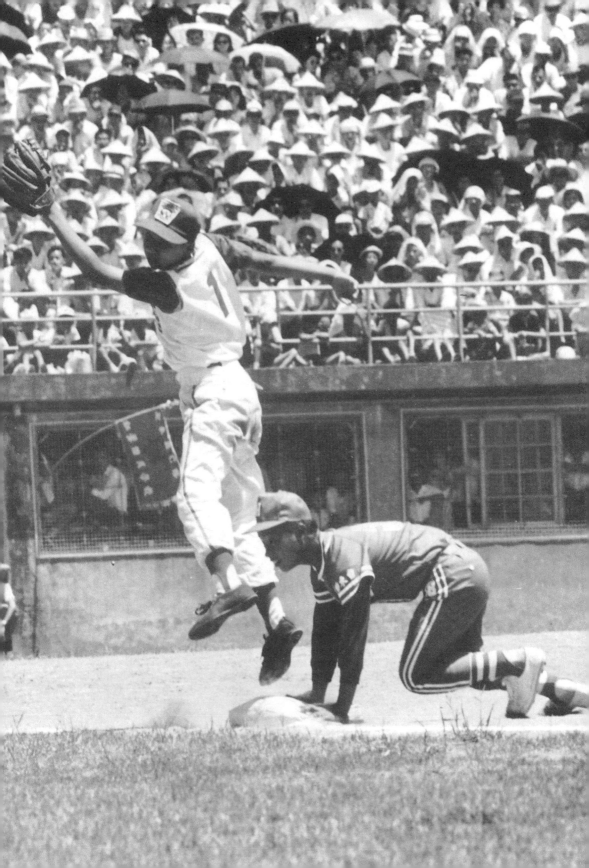

中、日少年棒球對抗賽
紅葉以7A比0大勝日本少棒明星隊

中日少棒對抗賽的第二場比賽中，紅葉以7A比0大勝日本少棒明星隊，震驚各界，無形間測試出中華少棒在世界少棒中的實力。朝野迅速作出反應。台灣省政府主席黃杰立刻指示教育廳撥款十萬元，作為台東縣紅葉國校添購體育設備的經費。省教育廳廳長潘振球也撥款二千元，獎勵垂楊隊，台北市獅子會則提供紅葉隊中的胡武漢、古進財、賴金木、王志仁等4人每人一千元的獎學金。全國棒球委員會總幹事謝國城，則趁機呼籲國民中學重視棒球運動。他

說，紅葉、垂楊以及其他國校棒球隊中，很多選手即將進入國中就讀，希望這些選手進入國中後，不要讓他們的練習中斷。謝國城還說，中華少棒賽將考慮改練習美國及日本少棒所用的硬式棒球。他說日本少棒隊表示願將他們帶來的硬式裝備、球及球棒等，送給棒球協會。其中日本隊所用的16個紅色塑膠頭盔，謝國城決定向日本隊購買，然後分別致贈8個少棒隊，供他們練習硬式棒球時戴用。至於輸了球的日本隊雖然驚訝於紅葉隊的實力，但卻認為日本隊不能適應中

華隊使用的軟式棒球是根本原因,軟式棒球並非世界少棒規定的正式比賽使用球,因此只有使用硬式棒球才能表現出日本少棒的實力。由於中華隊過於欠缺國際比賽的經驗,對國際賽的狀況不太了解。這一場比賽的有關軟式棒球和硬式棒球的爭議,也代表中華少棒發展的轉捩點。記者孫鍵政的分析文章如下:

　　中、日少年棒球對抗賽,日本隊以〇比七A敗在我國紅葉隊手中,日本隊提出一點重要的解釋:大會使用的球——軟式棒球,他們不能適應。

　　日本隊過去一向打少年硬式棒球,僅在來台前一個月的集訓中練習過軟式球,因此,日本球員還打不慣。

1.到台北一遊
〔1968年(民國57年)6月28日〕台東縣延平鄉紅葉村紅葉國校組成的少棒隊,獲得「全省學童棒球賽冠軍」後,受邀到台北市參加友誼賽。圖為賽前的留影,這些鄉下孩子開啓了台灣社會一段美好的回憶。

2.交換錦旗
〔1968年(民國57年)6月28日〕紅葉隊與台中市一支少棒隊賽前交換紀念錦旗。

11

大批人潮湧進
〔1968年（民國57年）8月25日〕日
本少棒明星隊與紅葉隊對壘，吸引
了大批的人潮。結果紅葉以7A比0
大勝日本隊。（馮國鏘攝）

這次中日少年棒球對抗賽是採用少年軟式棒球及我國少年棒球規則，不管是球還是規則，都與日本通用的有距離。

棒球迷目前最關心的問題也在這裡，每一個人心中都有一個問號：到底，少年軟式棒球與硬式棒球差別多大。

日本代表隊團長吉倉利夫說，日本使用的少年硬式棒球，是世界少年棒球所規定的比賽用球，與台灣的軟式棒球相差很大。不管是尺寸或是重量，軟式球都不能跟硬式棒球相比。按照世界少年棒球規則的規定，少年硬式棒球的重量是五盎司，圓周為九英寸。

少年硬式棒球的這種尺寸重量，與我國所使用的軟式球相比，要大出很多，我國少年軟式棒球圓周比硬式球小一英寸多，重量要少三分之一。

除了使用球不同之外，球棒也有差別，少年硬式棒球的球棒，長度是二十九到三十三英寸長，球棒尾部最細部份（即握手處）直徑是一英寸，最粗大部份是二又四分之一英寸。

我國的軟式棒球使用球棒，比起硬式球棒，稍為小一點，重量則是輕了很多。

球與球棒的尺寸、重量、長度之差，影響球技的發揮，日本隊團長吉倉利夫說，最簡單看出的是：投手球路的變化，軟式棒球變化多，硬式棒球變化少。

吉倉利夫說，中華民國垂楊與紅葉的投手林微波、胡武漢，變化球凌厲的原因，就是因為少年軟式棒球表面的球紋較明顯，球面較粗，容易控制，因此，曲球的彎度相當大。

然而，硬式棒球的尺寸較大，表面比軟式球光滑，是少年球員不容易控制的，而且小孩子的手掌皮膚較細嫩，更不易將球投成弧度很大的變化球。

吉倉指出，在全日本的少年投手中，絕大部份都投直球，很少球員能投詭譎莫測的變化球。因為硬式球的圓周比軟式球大，對於一個九至十二歲規定年齡的少年球員來說，其大姆指、食指與中指的指縫不容易掌握硬式球，因此，投手出手的球路，自然受到影響，變化球就不容易投出去。

換句話說，軟式棒球規格較小，

中日少棒的友誼

〔1968年（民國57年）8月23日〕
日本少棒明星隊飛抵台北參加
「中日少棒對抗賽」，台東紅葉、
垂楊兩支隊伍全體球員到機場迎
接獻花。（馮國鏘攝）

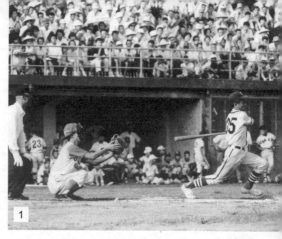

1

2

少年球員的手掌很容易抓穩球，軟式球出手時的中心位置能夠控制在中指與食指而投出曲球，控制在中指、食指，用大姆指的向後縮的力量將球投出去，則成為墜球，但是，日本小孩抓慣了硬式球，突然改投規格較小的軟式球，球路就不易控制，一時無法適應，所以吉倉利夫團長肯定的說，日本球員不能投軟式的變化球。

球棒的不同影響了打擊，吉倉利夫說，日本球員拿慣了較重的硬式球棒，突然改拿份量較輕的軟式球棒，出手擊球時間的力量究竟該用多少，日本球員不能像我國球員算得準確。目前，世界少年棒球錦標賽的規定中，是不能使用軟式棒球的，規則中訂得明白，五盎司重，九英吋圓周的硬式球，是正式比賽使用球。

另外，這次中日少年棒球對抗賽的規則，也與日本規則有一點出入，我國的規則是打擊者佔一壘時，敵隊投手投球時，可以離壘，這與日本規則不相符合。

吉倉利夫說，日本規則是佔一壘者，必須等到投手投出去的球穿越打擊區時，佔壘者才可以離壘。這一點

規則差別，我國規則有助於佔壘者盜壘，因為時間上搶先一步，如果依照日本規則，盜壘的時間是吃虧一些。這些問題雖不屬於技術範圍，但卻限制技術的發揮，影響實力很大。

當然，紅葉能以七A比〇大勝日本，優異的技術有目共睹，可是，如果進軍世界少年棒球賽或是參加國際性少年棒球比賽，軟式棒球是不能再打下去了，必須立即採用世界少年棒球規則打硬式棒球，這是我國進軍國際少年棒壇的重要前提。

1.日本少棒戰敗

〔1968年（民國57年）8月27日〕

中華少棒聯隊與日本少棒明星隊進行比賽，這一場比賽中華少棒聯隊以5A比1擊敗日本少棒明星隊。（馮國鏘攝）

2.計分板

〔1968年（民國57年）8月27日〕

中日少棒對抗賽中，最重要一場比賽的計分板。（馮國鏘攝）

3.胡武漢與胡勇輝

〔1968年（民國57年）8月27日〕

中華隊戰勝日本隊的兩大功臣，右為隊長胡武漢、左為胡勇輝，兩人為堂兄弟，雙雙擊出全壘打，其中胡勇輝擊出的是滿壘4分全壘打。（馮國鏘攝）

紅葉國校的學生，
幾乎把打球當成了唯一的娛樂活動
在那偏僻的山區中，
他們沒有其他的娛樂，
於是他們以打球為樂……

中日少棒對抗賽的第二場比賽，為中華聯隊對
日本少棒明星隊。中華聯隊中紅葉隊佔7
名、垂楊隊6名、立人隊1名。教練由楊吉川、副教
練由邱慶成、吳祥福擔任。由於是聯隊，中華隊陣
容相當強，由紅葉和垂楊的當家投手胡武漢和林微
波擔任主投，打擊方面，胡武漢、邱春光、胡福
隆、胡仙洲、黃金和、吳中信、林微波、王明海都
堪稱為強打。由於前一場，日本隊輸給了紅葉隊，
因此，日本隊亦全力以赴，排出最佳打擊陣容，但
在中華隊投手胡武漢的強投下難以發揮。比賽由日
本隊先攻，第一局前三棒都遭封殺，輪到中華隊打
擊，第一局下半場則是留下二壘殘壘。戰局進行了
四局，雙方均未得分。直到第五局下半場，中華隊
兩出局，王明海、古進財和胡福隆分別進佔一、
二、三壘時，由胡勇輝適時擊出一支滿壘全壘打，
一口氣攻下四分，全場歡聲雷動。第六局，中華隊
投手胡武漢再添一支左外野全壘打，再下一分。日
本隊則是在最後一局由清次和政擊出安打，攻下一
分。終場中華隊以5A比1擊敗日本隊。這一場比賽
中，中華隊投手胡武漢令日本隊在二十三次打擊
中，有十一次三振。日本隊投手前五局由城谷寬擔
任，後來換成舞壽之，共造成中華隊七次三振的紀
錄。中華隊打擊二十二次，打出五支安打、一支犧
牲打、七次三振、獲三次四壞球、一次失誤、二次
盜壘、殘壘四。日本隊則在二十三次打擊中，只擊

歷史性的鏡頭

〔1968年（民國57年）8月27日〕

比賽結束後，中華隊獲勝的兩大功臣胡武漢（左）、胡勇輝被熱情的觀眾高高地抬起。這一張圖片已成為台灣棒球史的歷史性鏡頭。（馮國鏘攝）

出一支安打、三振達十一次、獲四壞球二次、失誤兩次、殘壘一。這一場比賽打出中華少棒的信心，也打出了台灣民眾對棒球、對少棒的巨大熱情。沒想到中華少棒的水準如此高，能輕易擊敗世界少棒冠軍水準的日本少棒明星隊，打得對手無招架之力。報紙的體育新聞用各種美妙的用詞來形容中華隊的表現，包括形容胡勇輝有如「王貞治第二」。接下來的是中華少棒如何創造未來，成了全國矚目的事。紅葉隊喚醒了台灣的棒球熱情，也令民眾開始注意這一群窮苦的山區孩子怎麼取得這麼好的表現的。《聯合報》記者趙慕嵩的特稿〈紅葉凌霜記〉，反映了當時的情境：

今年的暑假，紅葉隊的主將胡武漢、胡勇輝、古進財、古進炎、賴金木、王志仁都已畢業離校，也就是說，在這次的中日少年棒球賽結束後，這六名球員將離開紅葉隊。

胡校長和教練邱慶成都已有準備，他們打算把現在的三壘手胡仙洲接替胡武漢的投手位置，二壘的胡福隆當捕手，候補邱錦忠任一壘、候補余進功任二壘、候補余宏開任游擊

手，三壘左翼、右翼和中堅手，另外有四名紅葉國校的學生遞補。胡學禮似已成竹在胸的說，他相信未來的紅葉棒球隊仍很堅強，因為新進的隊員在學校裡也是不間斷的練習。

胡學禮告訴本報的記者，他和邱慶成教練也決定訓練新改組的紅葉隊打硬式棒球，因為他們已經知道改打硬式棒球才有機會向國際少年棒壇進軍。

胡學禮說，只要一個月的練習，他相信他的學生就可把運用在軟式棒球的技巧轉入到硬式棒球上，他說，不會有困難，他說個笑話：紅葉國校的學生每天都以石頭當球，以樹幹為棒，在作投扔打擊的練習，即使硬式棒球比軟式棒球來得硬，但是硬度總比不上石頭。按這個「原理」推想，未來的紅葉隊打起硬式棒球來，也將有佳績出現。

紅葉棒球隊為什麼會一連串的創造驚人的戰果？胡校長說，除了不斷的苦練，最主要的是：這群孩子的爭勝心很強，他說，紅葉國校的學生，大都是家境清寒，正因為他們在困境中長大，所以越發增加了

他們的進取心。

談到孩子們的家境，胡校長有些難過。在畢業的六名球員中，有三個不能升入國民中學，他們是全壘打的能手胡勇輝、游擊手賴金木、右翼古進炎。因為他們的父母希望他們到田裡去耕種，來幫忙維持全家的生活。

胡學禮說，家境最差的是古進炎，這個孩子每天放學後都得回家種田，這次紅葉棒球隊來台北出賽，胡校長送了五桶米和五百塊錢給他的父母，否則古進炎就不能離家到台北來上陣了。

紅葉國校的女學生雖然不會打棒球，但是她們喜歡玩躲避球，現在她們已經組成了一個躲避球隊，也是每天都在苦練，胡校長打算在全省躲避球比賽時，推出他的紅葉躲避球隊。同時，他們還正在訓練乒乓球隊。胡校長沒有考慮到籃球的訓練，因為孩子們不太喜歡玩這種球，何況，學校裡也沒有籃球設備。

把一群在山區中生長的孩子訓練得今日的這種球藝，胡校長說，主要是這些孩子能夠吃苦，願意接受磨練，有些時候，孩子們的進步遲緩，

邱教練難免要痛責一頓，挨了責備的孩子沒有一點怨言，他們的父母也不會跑到學校來「興師問罪」。

住在紅葉村裡的男女老幼，都知道紅葉國校在為爭取光榮而不休止的訓練棒球隊員，因此，每天的放學時間要晚一兩個小時，家長們也不會去反對。

紅葉國校的學生，幾乎把打球當成了唯一的娛樂活動，在那偏僻的山區中，他們看不到電影，也沒有其他的娛樂，於是他們以打球為樂，一直打到滿身汗水，教練說「停止」後才休息。

紅葉棒球隊能夠連續創造輝煌戰果，其原因也就在此。

1969

金龍旗在威廉波特飄揚
長程棒球發展開始點點滴滴地累積

中華少棒隊第一年出國比賽的經費是大家「湊」出來的，
政府單位、民間團體和個人紛紛解囊相助，
以至於當中華少棒隊職員確定有足夠經費可以去日本比賽時，
都高興的歡呼起來。

接著以金龍少棒爲主體的中華少棒隊果眞在日本擊敗了日本少棒隊，
獲得太平洋區冠軍，證明中華少棒改用硬式棒球和國際規則，
一樣可以擊敗日本少棒。

於是各界的期望和熱情進一步提高，等到中華隊遠渡太平洋彼岸，
在威廉波特三戰皆捷，榮獲世界冠軍時，
台灣社會欣喜若狂、人人奔走相告，大街小巷熱鬧非凡，
一股強烈的自尊心和自豪感熊熊地燃燒起來。

金龍旗在威廉波特飄揚，少棒球員們返國後受到民族英雄般的待遇，
金龍投手陳智源被譽爲「魔手」，教練吳敏添則如神機妙算的諸葛孔明。

至於棒球委員會理事長謝國城在社會沉溺於勝利的歡愉之餘，
冷靜面對棒球運動發展的長期問題。

因此，一個由社會人心爲後盾、
配合教育和體育措施的長程棒球發展開始點點滴滴地累積。

日本少棒抵達台灣

〔1969年（民國58年）4月2日〕

日本少棒隊21人由吉倉利夫率領，抵達台灣做6天的訪問比賽。

這一年，台灣少棒開始採行國際比賽的通用規則，即採硬式棒球，

球員年齡在12歲以下，雙方比賽實力的真況更能凸顯出來。（潘月康攝）

謝國城領軍

〔1969年（民國58年）7月24日〕

中華少棒隊一行19人，由全國棒球委員會
理事長謝國城率領，搭機前往東京，參加
第4屆世界少年棒球賽太平洋區預賽。
（馮國鏘攝）

在中華少棒聯隊擊敗日本少棒明星隊大約一年之後，以台中金龍少棒為主體的中華少棒代表隊終於初試啼聲，踏上世界少棒賽之路。有關新聞報導以及《中央日報》記者丁履春的特稿如下：

中華少年棒球隊一行十九人，由全國棒球委員會理事長謝國城率領，定今天下午五時搭乘中華航空公司班機飛往日本東京，代表我國參加第四屆世界少年棒球賽太平洋區預賽。

中華少年棒球隊抵日後，將於明天下午參加大會會議及賽程抽籤會議，晚間出席日本各界舉行的歡迎會。

二十六日上午十時，日本關東與關西兩隊舉行最後決賽。下午一時世界少年棒球賽太平洋區預賽舉行開幕典禮，接著由我國出戰日本少年棒球隊及關島代表隊（我隊將與兩隊中的一隊比賽）。二十八日上午十時舉行決賽後，我隊將與日本各地少年棒球隊舉行友誼賽，預定八月四日返國。

如中華少年棒球隊能在此次太平洋預賽中獲得冠軍，即可代表太平洋區參加今年八月二十四日在美國威廉斯堡舉行的世界少年棒球錦標賽，賽程一個星期。

在台中市集訓兩個月的中華少年棒球隊，昨天獲悉確定今天下午五時赴日的消息後，大家都高興歡呼起來。

訓練少年棒球隊已有二個月的幕後教練方水泉，興奮的說，集訓的中華少年棒球隊，其實力已經與以前大不相同了。他指出，當初最為棒壇人士所擔心的問題，是我少年選手在心理上懼怕硬式棒球，目前，他們已完全消除懼怕的心理，更值得欣慰的是在打擊習慣上，他們對硬式棒球已經比準硬式更為習慣了。

現任合作金庫棒球隊教練的方水泉指出，在中市最後一個月的集訓期間，該隊有七名隊員在每次出擊中，皆有安打紀錄。隊員陳智源、陳弘丕、余宏開、黃正一、林建良、李俊杰，經常有全壘打的紀錄。

再戰日本少棒隊
〔1969年（民國58年）4月6日〕
中日少棒球賽第二場比賽中，賽前三名中華少
棒球員合影。這一場比賽，日本隊以6比2獲
勝。中華隊投手為郭源治，補手為黃瑛成。由
於中華隊沒有硬式棒球的裝備，這一場比賽的
裝備是由日本隊從東京帶來的，中華隊只練習
了兩天，實際上仍不適應，因此在正式比賽
中，沒有任何安打的紀錄。（陳漢中攝）

中華少年棒球隊為了有效的發揮打擊的潛力，現已排出了對日比賽的打擊順序，第一棒莊凱評、第二棒李俊杰、第三棒陳弘丕、第四棒陳智源、第五棒林建良、第六棒余宏開、第七棒黃正一、第八棒郭源治、第九棒蔡松輝；據方水泉表示，以上打擊順序，前六棒為該球隊最堅強的打擊陣容。

最為棒壇人士感到欣慰的，則是中華少年棒球隊有三名被譽為「千變萬化」的投手。他們是陳智源、郭源治及張瑞欽。陳智源善投快球，可造成對方打擊手難以看準球路，易遭三振出局；郭源治善投變化球，他經常以墜球、彎、直球封殺敵方擊球；由於日隊顧忌變化球，因此中華少年隊在集訓期間，特別重視變化球訓練。聰明靈活的郭源治，經過二個月集訓後，已與捕手蔡松輝及蔡景峰取得默契，在每次訓練比賽中，該隊球員往往遭受他三振出局的封殺。

來自台東鎮豐年國校的張瑞欽，為中華少年棒球隊唯一左手投手。該隊為減少日隊打準機會，因此重用張瑞欽。目前日隊關東與關西兩隊中，無左手擊球隊員，如果張瑞欽在比賽期間，全力投出變化球，日隊可能會吃大虧。

擔任中華隊內野手的黃正一、余宏開說，在二個月集訓後，每名球員在基本動作上都有很大的進步，以往在接球時是用手去接，現在要整個身子活動去接，不容易漏失；另外，在接滾地球，先接穩後再傳，由於這兩項基本動作訓練的成功，使該隊守備力量增強，很少有失誤之可能。

被譽為中華隊第一捕手的蔡松輝，上個星期五不慎受傷，但他還忍痛隨同赴日。他說，他的傷在廿六日比賽那天就會好起來，不能因為受了一點傷，而失去為國爭光的機會。蔡松輝自受傷後，曾引起中華隊的不安，由於他擔任捕手很少失誤及漏接，尤在緊急關頭，有指揮大局的能力，如果中華隊在比賽之日，蔡松輝難以上場的話，將減少防守的力量。

中華少棒隊凱旋歸國
〔1969年（民國58年）8月1日〕獲得世界少棒賽太平洋預賽冠軍的中華少棒隊凱旋歸國。隊員們拿著錦旗以及日本華僑贈送的禮物，在松山機場留影。（張繼正攝）

贏得世界少年棒球賽
太平洋區代表權的中華少棒隊凱旋歸國

中華少棒贏得太平洋區少棒冠軍，《中央日報》相關報導如下：

【本報駐日特派員黃天才卅一日專電】在日出戰五場獲得全勝的中華少年棒球隊，今天晚上由大阪華僑在大東洋飯店舉行宴會，爲該隊小國手們慶功。

中華隊領隊謝國城告訴記者說，他代表中華隊感謝僑胞及國內同胞對中華小國手的愛護與支持。他說，在

一個禮拜中，小國手雖出戰五場，但沒有一名球員受傷，也沒有生過病，尤其令人欣慰的，這十四名小國手並未感到疲倦，而且愈戰愈勇。

中華隊今天下午在守口市比賽二場後，即於下午四時返回大阪，該隊一行十九人定於明天上午九時在大阪搭乘中華航空班機返國。

旅居大阪的華僑將在明天上午九時前，前往機場歡送中華小國手，大阪市政府及棒壇人士前往機場歡送。

【本報訊】贏得世界少年棒球賽太平洋區代表權的中華少年棒球隊，定今天上午九時在日搭乘中華航空公司班機凱旋歸國，預定中午十二時零五分抵達台北。

全國各界為歡迎小國手勝利歸來，將在松山機場舉行盛大歡迎儀式，當小國手下機之後，將由北市國小棒球賽冠軍獻花致敬，並有開南商工軍樂隊、大安國中鼓號樂隊到場歡迎，台北市九個國小棒球隊亦在機場列隊歡迎小國手。

在小國手們接受各界歡迎儀式後，將在松山機場舉行記者會，請小國手們報告在日比賽情形及一個禮拜的活動經過。

中華隊小國手們離開機場後，將乘車遊行市區，感謝同胞的愛護與支持。遊行路線，係經過敦化北路、南京東路、圓環、天水路、延平北路、北門、中華路、西門圓環、衡陽路、重慶南路、總統府、介壽路、中山南路、中正路至全國體協。

今天晚間，各界將在台北市羽球館舉行歡宴會，為小國手們洗塵，並聽取小國手們報告得勝經過及感想。

【本報嘉義訊】嘉縣各界以中華少年棒球隊，此次在日連戰皆捷，獲得亞洲區代表權，行將問鼎世界少年棒球王座；而中華隊中，嘉縣隊員佔大多數，故深感光榮，除派代表北上，今天到機場參加歡迎行列外，並已籌備在嘉義熱烈慶祝中。

據縣體育會理事長黃玉成說，中華少年棒球隊赴日前夕，嘉縣議會曾建議縣府對縣籍球員補助旅費二萬元。至於他們到美國比賽的旅費，該會將發動各界人士自由捐獻，以壯行色。

【本報竹崎訊】為歡迎載譽歸來的中華少年棒球隊小球員，嘉義縣各界人士組成的歡迎團，三十一日中午，包了專車北上。

由於獲得世界少年棒球賽太平洋區代表權的中華隊教練吳敏添、球員陳弘丕、溫天壽、黃正一、陳鴻欽、蔡景峰都是選自嘉義，故地方人士在小國手們回嘉義時，將予盛大歡迎。

各界已推出醫學博士林國川擔任歡迎團團長。

1.凱旋歸來
〔1969年（民國58年）8月1日〕中華少棒隊凱旋歸來，搭乘巴士遊行台北市區，受到市民熱情的歡迎。（張繼正攝）

2.穿過介壽路
〔1969年（民國58年）8月1日〕中華少棒隊搭車凱旋遊行時，穿過總統府前的介壽路。（陳漢中攝）

3.魔手陳智源
〔1969年（民國58年）8月1日〕中華隊當家投手陳智源拿著冠軍杯展示。（張繼正攝）

中華少棒隊連勝五場

獲得世界少棒賽太平洋區預賽冠軍的消息振奮台灣社會

中華少棒隊連勝五場獲得世界少棒賽太平洋區預賽冠軍的消息振奮了台灣社會，證明了即使使用硬式棒球，中華少棒的實力仍在日本少棒之上。此外，各界紛紛捐款給中華隊，籌足旅費，以使他們能到美國，繼續取得良好成績。有關捐款的報導以及中華隊小國手的簡介如下：

〔中央社中興新村三十一日電〕台灣省議員吳伯雄今天建議政府撥款支助中華少年棒球隊，使這支揚威東瀛的少年棒球隊，有足夠的旅費前往美國，參加世界比賽，為國家爭取榮譽。

陳大慶主席答覆說，中華少年棒球隊前往美國參加世界少年棒球賽，共需經費一百二十萬元，教育部已決定資助五十萬元，仍不足七十萬元，省府將盡力予以支援，使此一表現出色的球隊能夠順利出國比賽，但究竟支援多少，將再斟酌決定。

【本報訊】本報昨日收到讀者捐贈中華少年棒球隊赴美遠征旅費捐款三筆，共計新台幣七百三十元正，捐款者芳名如下：(1)福新煤氣有限公司五百元，(2)中國國民黨產業黨部二支一區第四十二小組一百三十元，(3)無名氏一百元。他們來信說，希望拋磚引玉，集腋成裘，以促成中華少年棒球隊之成行，為國爭光。

【本報訊】台北市國際崇她社為資助中華少年棒球隊赴美參加比賽，昨天認捐新台幣一萬元。

崇她社負責人士在認捐之後，呼籲全國各界踴躍捐助，俾使少年棒球隊順利赴美參加世界少年棒球大賽。

【本報訊】美軍顧問團團長戚烈拉少將，得悉中華少年棒球隊赴美經費難以籌措後，特於昨天邀請中華棒球委員會副總幹事林鳳麟晤談，當場表示該團將全力支援中華隊赴美參加比賽。林副總幹事對戚烈拉團長的熱忱，至表感謝；他並表示：我國政府及工商界對中華隊赴美經費正在妥善

籌措中，對顧問團全力支援，不論其款額多寡，但在精神上，對我國棒球界實有莫大鼓勵。

【本報訊】台灣省立新竹商業職業學校全校師生，昨天捐出了三千五百元，資助中華少年棒球隊赴美參加比賽。

新竹商職師生這筆捐款，昨天匯寄本報，本報將轉送中華全國棒球委員會。

〔中央社台北卅一日電〕中華全國體育協進會、東和影業股份有限公司、國賓戲院響應籌募中華少年棒球隊赴美參加世界少年棒球錦標賽旅費，將於八月七日上午十時半在台北成都路國賓戲院舉行一場義映，放映「一九六八年冬季世運會」，將全部收入捐給中華少年棒球隊。

「一九六八年冬季世運會」將於八月下旬在台北正式上映，這次義映票價分榮譽券五十元，全票三十元，半票十五元，東和影業公司與國賓戲院都不收任何費用。

【本報訊】中華全國棒球委員會昨天在台灣省合作金庫中山路支庫（中山北路）開設專戶，接受各界人士資助中華少年棒球隊赴美參加世界少年棒球大賽。

全國棒球委員會昨天表示，該會現已積極籌備中華隊赴美工作，因其赴美經費頗鉅，約需一百二十萬元，該會鑒於各界人士慷慨解囊資助，現已在合作金庫中山路支庫以「中華少年棒球隊赴美基金戶」名義，開設專戶，以便利各界人士匯寄捐款。

少年英雄郭源治

〔1969年（民國58年）8月1日〕中華少棒隊投手郭源治戴著歡迎花圈，
展示得來不易的冠軍獎杯。（陳漢中攝）

中華隊小國手簡介

揚名東瀛的十四名中華少年棒球選手，是經國內各個優勝國小棒球隊中，經過嚴格選拔之後，始正式代表國家成為小國手。

這十四名小國手，各懷不同棒球技術和特點，茲介紹如後：

郭源治／投手，今年十二歲，台東豐年國小六年級。他是從四年級開始參加棒球運動，在今年六月被選為中華國手後，即以投「變化球」被譽為中華隊第一投手，此次在日對關島隊比賽，在前二局中，曾迫使關島隊員頻遭三振。

陳智源／投手，今年十二歲，台南立人國小六年級，他是以優越的投球與良好打擊力，使他順利當選為國手；以往在每次練習比賽中，與郭源治、張瑞欽，分別出任投手，此次在日對日隊比賽中，發揮他優異的投球技術，以堅韌的直球，使日隊連遭十次三振，被日棒壇譽為「最佳投手」。

陳玉佼／投手，今年十二歲，台中忠孝國小六年級，他是中華隊唯一左手投手，此次在日本雖未被重用，但中華隊教練表示，他是一名不可多得的好投手，將來進軍世界棒賽中，他的左手投球，將是各國球隊的最大剋星。

張瑞欽／投手，今年十二歲，台中大同國小六年級，他是中華隊四名投手中，體力最佳的一名，因他擔任投手時間較短，未被教練重用，不過他的投球技術，進步迅速，在大賽中，亦可擔當重任，他是以投「迅捷直球」為主。

蔡景峰／投手，今年十一歲，嘉義大同國小五年級，在今年四月，被選為中日少年棒球賽選手，即擔任捕手。因他擔任捕手未及半年，加以他年齡尚小，在日比賽中，未被教練重用，中華隊為了培植二名隨時出戰的捕手，對他將積極施以嚴格訓練，期盼能在世界大賽之中，與蔡松輝分任捕手。

蔡松輝／捕手，今年十二歲，台南縣玉井國小六年級，他是中華隊第一捕手，在日比賽期間，雖帶傷出戰，仍能與陳智源投手發揮最佳合作效果，致使日隊攻勢全部崩潰。由於他機警及指揮有方，往往在最緊要關頭，指揮成功，化險為夷。

黃正一／一壘手，今年十一歲，嘉義大同國小六年級，他是中華隊最佳內野手，因此被派擔任一壘手，他並且是一名打擊能手，在每次大賽中，被派前七棒打擊陣容之內，尤其在日比賽中，曾獲二次安打紀錄。

陳弘丕／二壘手，今年十二歲，嘉義博愛國小六年級，他參加棒球運動已達三年，技術純熟，頭腦靈活，在日比賽中，曾發揮他敏捷接球技術，使日隊隊員連連被刺殺，他亦是中華隊打擊能手之一，亦有多次安打紀錄。

莊凱評／游擊手，今年十二歲，台南市永福國小六年級，在日比賽中，曾連續接獲高飛球，使日隊攻勢受挫，他亦是中華隊打擊能手，被排在第一棒，曾獲二次安打。出國之前他曾說，打第一棒最感責任重大，因此在每次比賽中，必須全力猛擊，始能提高隊員士氣。

溫天壽／游擊手，今年十二歲，嘉義大同國小六年級，他是與陳弘丕輪流來擔任二壘手，他的接球與捕殺功夫很有一手，在日比賽中，表現雖不特出，亦為中華隊不可多得的一名球員。

余宏開／三壘手，今年十一歲，台東紅葉國小五年級，他是唯一的紅葉隊員，參加棒球運動已經二年，他體力優越，擊球與投球有力，跑壘迅速，為一全能棒球隊員；在今年四月對日比賽中，曾擊出一支全壘打，平時亦有全壘打紀錄，此次在日比賽中，由於他擊出一支安打，造成中華隊對日隊比賽中，穩得二分。

林建良／外野手，今年十二歲，
台北老松國小六年級，他是中華隊最
高的一位，他偷壘迅速，時常成功；
由於他體力良好，被中華隊教練所重
視，希望他在打擊方面多下功夫，必
能成爲打擊能手。

　　陳鴻欽／外野手，今年十一歲，
嘉義大同國小五年級，他的判斷力
強、反應快，接球穩而準，爲中華隊
最佳外野手。他在打擊上，亦是一名
打擊能手，在日比賽表現雖不出色，
但是在今年四月對日隊比賽中，曾經
擊出一支安打，爲中華隊首開得分的
紀錄。

　　李俊杰／外野手，今年十二歲，
台南立人國小六年級，他與余宏開爲
中華隊全壘打紀錄者，雖然他的體格
瘦小，但卻很結實，在日比賽中，亦
被列入出擊陣容之內，爲中華隊能守
能攻的全能隊員。

最嚴格而有效的訓練

中華少年棒球隊最短的一次集訓，今天將在台北市立棒球場展開

《中央日報》記者丁履春針對集訓期間，中華隊尚待改進處，詳加分析：

中華少年棒球隊最短的一次集訓，今天將在台北市立棒球場展開，這只有十天的集訓中，中華隊教練該如何把握這短暫的時間，給予十四名小國手最嚴格而有效的訓練，以備在本月中旬在美舉行的世界少年棒球大賽中，順利登上少年棒球王座，因此，這次的集訓引起了各界關注。

小國手此次在日優異的表現，中華隊教練除了感到驚異外，最感傷腦筋的，就是由於幾名隊員表現突出，因此在這次的集訓中，將完全改變以前的作戰策略。中華隊教練吳敏添指出，在這短暫的十天集訓裡，將完全著重訓練小國手守備能力，因為如果著重訓練打擊，在十天之中，將很難得到效果，而中華隊經常打擊的九名選手，有莊凱評、黃正一、陳弘丕、陳智源、余宏開、林建良、李俊杰、

陳鴻欽、蔡松輝等小國手他們的打擊技術，已完全成熟，雖然有一、二名接近成熟階段，打擊量未夠上水準，但是打擊力足以迎接任何投手投送。

中華隊教練吳敏添對小國手在十天集訓中，將作兩項最重要的訓練。他說，第一在守備訓練中，嚴格要求小國手減少失誤及漏接情事，因為這項為棒球隊最顧忌的事情，一個棒球隊，往往在一場比賽中，會因失誤與漏接而遭受慘敗，這個「致命傷」，中華隊在對日比賽時，已減低到最少量，但不能因此次成功，而斷定小國手失誤與漏接不多。因此，將在這次集訓裡，加強訓練接球技術及個人基本動作。第二將個別訓練捕手蔡景峰，以備在世界少年棒球大賽中，與中華隊第一捕手蔡松輝分擔任務。據吳敏添教練指出，蔡景峰捕手是一名頭腦靈活的棒球隊員，但他指揮大局缺少果斷，遇有重大變化，未能像蔡松輝指揮恰當。

中華隊在日本比賽中，未能重用他，其道理在此。但在此次集訓中，中華隊為了培養兩名可擔當大任的捕手，吳敏添教練決心積極給予蔡景峰

最後的集訓
〔1969年（民國58年）8月3日〕
中華少棒隊前往美國比賽前，在台北市立棒球場展開為期10天的集訓。（陳漢中攝）

捕手個別訓練，由蔡景峰進步的速度來看，在十天集訓中，是會成為一名指揮大局的捕手。

為了對付打擊堅強的美國西區隊，中華隊教練吳敏添將對該隊四名投手陳智源、郭源治、陳玉佼、張瑞欽等，利用最後集訓機會，著重訓練「變化球」的投送技巧，尤其對陳玉佼、張瑞欽個別加強練習投球，這兩名投手，各自懷有不同的投球技巧，但因擔任投手時間過短，在投球變化上，不及陳智源及郭源治。由於世界少年棒球大賽規定投手不能連續擔任二場投手，因此中華隊對四名投手訓練引起重視，目前陳智源與郭源治出任投手決無問題，只怕張瑞欽與陳玉佼臨陣慌亂，投球欠準。據吳敏添教練表示，陳玉佼左手投球，進步得非常快，而且又堅硬，如果經常保持最佳的情況，將不會遜於陳、郭兩名投手。

中華隊教練吳敏添同時指出，中華隊小國手投球普遍不準，四名投手雖然個個皆有特點，但投球還是欠準，如果遭到投球失常的時候，以四壞球保送敵隊上壘，很可能造成敵隊得分機會。針對這項缺點，中華隊在十天的集訓中，將增加投手投球量。

更為中華隊教練感到不安的，則是該隊外野手，在攔截敵隊低滾球及安排球後，在投向投手及捕手時，往往投得不準，致使敵隊頻頻得分。在今年四月，日隊來華比賽時，中華隊曾遭遇這種情況，使中華隊二場皆敗，雖然不是因為這種情況，但至少受到很大影響。為訓練外野手迅速準確傳回本壘，將對外野手及游擊手嚴格訓練投球，並決定在訓練期間，發現外野手有過多投球失誤的情形，將不考慮其個人接球及比賽經驗，而予以更換接替。

中華隊教練吳敏添對一壘手黃正一、二壘手陳弘丕、三壘手余宏開，針對每一個人之缺點，進行最後改正訓練，動作靈活的黃正一，有求功心切的毛病，陳弘丕判斷情勢欠佳，余宏開精神不能集中。因此，吳敏添教練為了使中華隊在防守上發揮最大的威力，決定在這次集訓中，全力更正小國手的缺點，以及加強在防守上的力量。

教育部長鍾皎光
在教育部會議室為中華小國手授旗

　　1969年（民國58年）8月12日，教育部長鍾皎光在教育部會議室為中華小國手授旗，中華隊赴美的名單如下：領隊謝國城、副領隊簡永昌、管理陳慶星、教練吳敏添、隊長陳弘丕、隊員郭源治、張瑞欽、陳玉佼、陳智源、蔡景峰、蔡松輝、黃正一、余宏開、莊凱評、陳鴻欽、溫天壽、林建良、李俊杰。此外，中國青年反共救國團主任蔣經國也接見中華小將們，蔣經國勉勵少棒隊員要將愛國家、守紀律、有生氣、肯上進的中國少年良好精神，帶到國外去，讓久別祖國的華僑，能看到中華民國未來主人翁成長的一面。蔣經國與這群小朋友們一一握手，並問他們裝備與生活情形。當他走到矮小的余宏開面前，他仍然認得這個「紅葉」的小將，並特別摸了摸這個害羞小朋友的頭。8月13日，中華少棒隊搭乘華航班機，途經日本轉往美國，於15日抵達美國威廉波特。預定練習4天後，於19日正式投入比賽。此次世界少棒賽共計八個地區代表隊參加：美國東、西、南、北四區代表隊以及歐洲、加拿大、拉丁美洲、太平洋區代表隊等，賽程共為六天。中華隊第一場遇到的是加拿大隊，比賽採單循環。中華隊赴美前，曾分為實力均等的紅白兩隊進行練習比賽，而且曾在台北市立棒球場舉行紅白對抗表演賽，吸引了上萬的球迷前來觀賞，球迷們不斷為兩隊高聲歡呼，結果白隊以4A比3勝紅隊。《中央日報》記者王宗蓉以以下的特稿，分析中華少棒實力進展的狀況：

中華少年棒球隊於臨行前獻技，十四名小國手配上五名借將，分成紅、白兩隊對抗，白隊以四A比三獲勝。中華隊領隊謝國城說，這場比賽的目的並非用來比較紅、白隊實力孰強，而是在小國手們踏上征途前，再作最後一次觀摩。觀察小國手們的近況與潛力，以備未來「世界杯賽」中，如何起用小國手之長以掩小國手之短。

小國手信心益增強

謝國城和中華隊「智囊」簡永昌在紅白隊結束比賽後表示，這場比賽的最大收穫是小國手們的信心愈益加強。他們應付自如，神態輕鬆之勢，令謝國城放不少心。謝國城說，信心是致勝的捷徑，小國手們能除卻恐懼，抱必勝之心，就能使肌肉放鬆，減少失誤或漏接。謝國城舉例說，這場比賽中，紅隊一直居下風，至第五局時仍掛「零」，看來在陳智源率領下的白隊有遙遙領先之勢，但紅隊諸將沉著應戰，把握對方投手陳弘丕的失誤，甚至機智地盜壘成功，在第五局結束時，紅隊果然連下三城，和白隊打成平手。謝國城認為棒球賽本是詭譎多變，在比賽未結束前，無法判定誰勝誰負，但是，小國手們能具有這種信心，就是可喜的現象。

1.福將余宏開
〔1969年（民國58年）8月21日〕中華少棒隊三壘手余宏開，因長得福相，同時又是打擊能手，頗討人喜歡。（陳永魁攝）

2.主投陳智源
〔1969年（民國58年）8月21日〕中華少棒隊主力投手陳智源。（陳永魁攝）

陳弘丕是好一壘手

　　這場比賽中的第二個作用，簡永昌說，在他率領的白隊中，擁有陳智源、林建良、李俊杰、陳弘丕、蔡松輝、陳玉佼等小國手，在前五局中，他所安排的打擊順序及防守，完全是按最理想的陣容；其目的即在發揮白隊小國手的實力，而在第五、六局中，他將陳弘丕調作投手，陳弘丕先後擔任一壘手及二壘手，其目的即在測驗陳弘丕是否具有投手的能耐。因為在未來世界杯比賽中，勝負的決定以投手的表現為最重要。萬一中華隊的四名投手臨時有差錯，是否能調用身材高大的陳弘丕，因此，簡永昌在五、六局比賽中，大膽試用陳弘丕，結果，發現陳弘丕是一名好的一壘手而不是好的投手。因為，他出手的球不穩，力量也不夠，以致紅隊有三次安打的紀錄。

陳智源能連投六局

　　由於陳弘丕的出任投手不稱職，更足以顯示陳智源的突出。謝國城連連稱讚說，陳智源的表現，仍然是其他球員無法比擬的，因為陳智源是唯一能連任六局投手者。像張瑞欽出球有力，下墜球能逼使對方難以控制，但是他僅有三局的能耐，不能保持全局的水準。

　　謝國城和簡永昌在賽前曾擔心中華隊的打擊力可能減低，但以作戰的成績，余宏開、黃正一、郭源治、張瑞欽、陳智源、林建良、陳玉佼等都是可以信賴的打擊手，他們都能演出安打。

2

培養集中守備精神

對於中華隊的缺點，謝國城說，主要是小國手們在開賽之初仍未能集中全部精神守備，造成前後五次失誤與漏接是最大的遺憾。謝國城說，由於紅白兩隊均有失誤紀錄，致使雙方均有上壘機會，一支最強的隊應該是使對方無上壘機會。因此，為避免這項錯誤，謝國城表示，在未來世界杯比賽前，他將培養、保持小國手們的最佳「精神狀態」，不使他們有分心之事發生。

將全力先戰加拿大

謝國城說，據報導中華隊將於二十日首戰上屆世界杯殿軍加拿大隊，他認為也許加拿大隊的實力不甚強，但是，中華隊仍將全力出戰。因為，中華隊是第一次參加世界性比賽，得失心必然很大，加拿大隊曾多次參加這項比賽，前年名落孫山，去年躍為第四，實力與信心也必增，中華隊勢必兢兢業業，否則馬失前蹄，連打第二場比賽的機會都要失落。

謝國城並表示，目前他尚沒有參加地區的資料，但據說，與中華隊同組的中南美洲隊，實力雖不比美國強，但較歐洲要略勝一籌；中南美洲包括墨西哥、巴西、古巴、阿根廷等隊，十年前，墨西哥曾兩度獲世界杯冠軍，迄後就沒沒無聞，不過，在這些國家中，據謝國城所知，古巴是較有希望代表中南美洲參加本屆比賽的一隊。

學習獲勝兩項目的

謝國城說，無論如何，中華隊此行是抱著兩種心理前往，第一是學習，第二是獲勝。

訂做出國西裝
〔1969年（民國58年）8月12日〕中華少棒隊球員量製西裝，這些孩子生平第一次衣著光鮮，為的是要出國亮相。（馮國鏘攝）

44

綠草如茵

〔1969年（民國58年）8月24日〕

世界少棒冠軍賽前，中華小將們在外野草坪上留影。

（傅建中攝）

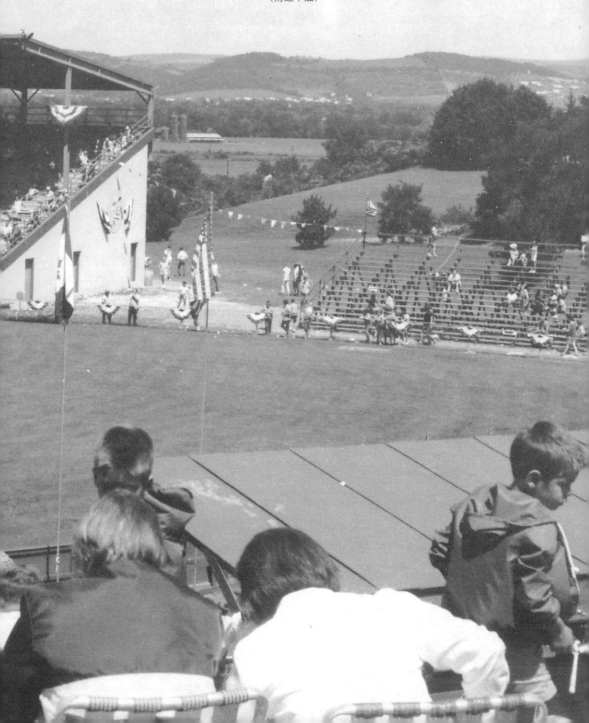

首度來到威廉波特
〔1969年（民國58年）8月24日〕
世界少棒賽於威廉波特舉行的現場，綠草如茵，美觀舒
適，不僅是中華小將，即使一般台灣民眾也開了眼界。
（傅建中攝）

華僑助陣
〔1969年（民國58年）8月24日〕
世界少棒冠軍賽中，看台上的留學生和
華僑揮舞著國旗，為中華小將們加油。
（傅建中攝）

冠軍賽前的友誼
〔1969年（民國58年）8月24日〕
冠軍賽前，中華少棒隊員與美國小球迷
握手。（傅建中攝）

中華隊首度參加
世界少棒賽即一鳴驚人
首場以5比0擊敗加拿大隊

中華隊首度參加世界少棒賽即一鳴驚人。首場以5比0擊敗加拿大隊,第二場以4比3擊敗美國北區俄亥俄隊。第三場比賽即冠亞軍爭奪戰中,中華隊順利以5A比0擊敗美西隊獲得冠軍。在這一場比賽中,中華隊投手陳智源表現優異,完全封住對手的打擊,中華隊則於第2局和第4局分別取下3分和2分。這次比賽曾出了一個小插曲,即上一屆獲少棒冠軍的日本,今年也派了隊伍前來觀摩,其中以譯員身分隨行的日本關西少棒聯盟總幹事山崎五郎,向世界少棒聯盟抗議,說中華少棒所使用的球棒「太粗」,不合規定。不過日本少棒聯盟會長吉倉利夫隨後打電話給謝國城,說明如果山崎五郎

1

在美國有失態之舉，他願向中華隊致最深的歉意。此外，由於中華隊爲全台灣的代表隊，不符合世界少棒賽球隊必須是地區隊的規定，此事亦引起大會的注意。儘管世界少棒賽在美國被視爲兒童的體育，但美國人一向重視競爭，棒球運動又爲「國運」，對於冠軍連年落入亞洲人之手仍感不是滋味。《紐約時報》體育版曾提出「美國棒壇不應全力注重職業棒球，而應加強業餘棒球及少年棒球的訓練，勿使冠軍再讓亞洲人獲得。」無論如何，中華隊獲得冠軍的消息傳來，在台灣社會引起激動的反應，許多地方燃放鞭炮慶祝。以下是《中央日報》有關的報導：

【本報特派記者王宗蓉美國威廉波特市廿四日專電】實力強大的中華少年棒球隊，昨天下午二時擊敗美國西區隊，登上了世界少年棒球王座後，接著參加了隆重的閉幕儀式。

中華少年國手們首先繞場一周，感謝美國觀衆、華僑及留學生的精神支持。

1.冠軍賽前的練習
〔1969年（民國58年）8月24日〕中華隊在與美西隊爭奪冠軍賽前，進行賽前練習。這一場比賽，中華隊以5A比0擊敗美西隊。（傅建中攝）

2.周書楷設宴
〔1969年（民國58年）8月26日〕中華民國駐美大使周書楷大使館官邸雙橡園，設宴接待中華小將們。（傅建中攝）

開洋葷的小球員

〔1969年（民國58年）8月26日〕

中華隊隊員在雙橡園享用豐盛的自
助餐，這些家境多半貧窮的孩子們
藉著體育的良好表現，開了洋葷。
（傅建中攝）

　　中華隊隊長陳弘丕在閉幕典禮中，代表中華隊以中文致詞，他感謝美國各界人士的愛護，使他們在這次世界少年棒球大賽中，能順利獲得冠軍。

　　在閉幕典禮結束時，各國派出代表，降下了自己國家的國旗。中華隊由莊凱評降下青天白日滿地紅的國旗時，上萬的美國觀眾，皆以注目禮，向中華民國國旗致敬。

　　在典禮中，並由大會頒給中華隊世界少年棒球冠軍錦旗一面。

　　小國手在閉幕典禮結束後，定今天上午九時，前往美國首都華盛頓遊覽三天。美國副總統安格紐定二十六日接見中華小國手。

　　〔中央社台北二十四日電〕嚴副總統獲悉中華少年棒球隊榮獲世界冠軍，深感欣慰，特於今晨馳電謝國城領隊暨全隊隊員致賀。全文如下：

　　「駐美大使館周大使轉中華少年棒球隊謝領隊國城兄暨全體隊員：欣悉榮獲世界冠軍，為國爭光，殊堪嘉慰，特電馳賀，連日比賽辛勞，飲食起居尚希珍重。嚴家淦。」

　　〔中央社台北二十四日電〕中華少年棒球隊贏得第二十三屆世界少年棒球賽冠軍，為國爭光，捷報傳來，舉國歡騰。中國國民黨中央委員會秘書長張寶樹，第三組主任馬樹禮，第五組主任梁永章特致電祝賀。

　　【本報綜合報導】中華少年棒球隊，榮獲世界棒壇盟主消息，昨天由坐候收音機前的同胞於聆悉之後，全省各地及前哨軍民，無不歡欣若狂，將市面上的報章搶購一空，爭相傳誦，且紛紛燃放鞭炮，張貼紅紙喜訊慶賀，大街小巷頓時熱鬧非凡。很多一向平靜的鄉村，也掀起了無比的歡樂熱潮。

　　雲林縣的民眾，都翹起大姆指說：「我們中華少年，眞是了不起！」
雲林縣長廖禎祥，在興奮之餘，昨天打了一通賀電到美國，向我中華少年棒球隊致祝賀之忱。

　　我中華少年棒球隊榮獲世界少年棒球賽冠軍消息傳抵澎湖前哨時，軍民異常振奮，爭相走告。他們在昨晨二時許，即將收音機打開聽取佳音。縣體育會並已馳電慶賀。

　　彰化縣田中鎮民聽到捷報，莫不興奮，尤其青少年學生更是欣喜若狂。他們爲了閱覽棒球賽勝利的實況消息，以致此間各報分銷處及田中火車站各報零售處，所有當天的報紙均被搶購一空，形成空前未有的盛況。

　　宜蘭礁溪鄉民知道了中華隊以五A比〇克美國西區隊榮獲冠軍的消息後，本報礁溪營業處一時人滿爲患，大家都來搶購，一睹爲快，當報紙一到，不到二分鐘，所有零售報即被搶購一空，後來的人因購買不到而大失所望。

宜縣羅東地區，包括羅東鎮、冬山鄉和五結鄉的十一萬多民眾，也是無比歡騰，相互轉告，並放炮竹示慶。

喜聞我少年棒球隊揚威國際，瑞芳鎮民昨晨燃放炮竹慶賀。許多鎮民為了聽候捷訊，徹夜未眠，於電話中獲自台北消息，知道我國代表隊榮登國際少年棒球盟主後，立即燃放炮竹慶賀，一時炮竹之聲此起彼落，使主婦們在夢中驚醒，還以為是鄰居們在「拜天公」。

溪湖鎮四萬餘居民聽到捷報，莫不歡欣鼓舞，一致的說：「真是了不起！」一時紛紛傳誦，有的燃放鞭炮，有的貼出紅紙慶賀，大街小巷熱鬧非凡。那種興奮高興的樣子，真是無法形容。

台南市每一角落，昨晨聞悉中華少年棒球隊在美奏捷，榮獲世界少年棒球冠軍後，到處充滿歡欣，鞭炮聲響徹雲霄。

教過陳智源等的幾位教練，整晚都守在收音機旁邊，關心小國手的演出。他們等到天亮，直到中華隊奪魁後，才安心的靜下了激動的心。

喜訊二十四日傳抵擁有五名小國手的嘉義之後，地方父老均引以為榮，去電威廉波特致賀者，計有嘉義縣長黃老達、吳鳳工商創辦人彭文鴻、吳鳳中學副校長唐述后、大同國校校長唐秉業等。

黃縣長，又於上午赴中華隊教練吳敏添及五名小國手家中道賀，並贈送禮品。

金門軍民聞悉我少年棒球隊榮獲世界冠軍，歡欣萬分，他們都以小國手們能為國爭光而感到驕傲。

自昨晚起，很多人就在收音機旁等候佳音，金門日報亦不斷接到讀者探問的電話。獲悉我少年棒隊獲勝後，有的放鞭炮、有的在門首貼祝捷標語，人們見面，都談論這個令人高興的消息。

【本報記者蔡耿萬專稿】中華少年棒球隊的教練吳敏添，由於中華隊躍登世少棒王座，他的才華也受到了世人重視。

吳敏添是嘉義人，家庭經濟環境不好，所以他在公學校（現為嘉義市大同國小）畢了業，便沒有繼續升學。他在小學讀書時，對於棒球運動

發生了極深濃的興趣，在每天下課之後，都在棒球場「窮泡」。他做了幾年學徒後，由人介紹到嘉義玉山林管處當一名僱員。他在該處所組成的棒球隊中，曾屢建功勞，但並未受到重視。

離開了玉山林管處，沒有固定的薪水可拿，生活漸漸地陷入困境，要不是他父親經常支援，妻兒可能面臨斷炊。後來，吳敏添加入了嘉義市「北嶽殿」棒球隊。不久，這支棒球隊解散了，然而達觀的吳敏添，並不怎麼為生活發愁，他的思想仍然沉浸在棒球的世界裡，看的是有關棒球的書，說的是有關棒球的事，他是一個徹頭徹尾的「棒球迷」。

這幾年，吳敏添一直不能找到固定的職業，先後為兩家報社當業務推銷員，靠著佣金過日子。去年夏天，他到母校大同國小推銷報紙，看見學童們在操場上打棒球，覺得他們的表現很不錯，祇是沒有良好的指導。校長唐秉業告訴他：「學校沒有經費，沒有錢請教練。」吳敏添便毛遂自荐，表示願意免費訓練這些可造之材。從此，他每天下午，便到大同國校去，義務地擔任該校棒球隊的教練，每天的代價是「雙喜牌」煙一包，清茶一壺。他這樣義務訓練小選手的義舉，完全是基於對棒球運動的熱情。

大同國小的棒球隊，經過了吳敏添的訓練，球技突飛猛進，不僅在嘉義所向無敵，而且奪得了今年首屆中華少年棒球賽的錦標。因此，這位只有小學畢業的教練，才受到了各方面的注意。中華隊的陳鴻欽、黃正一、溫天壽、蔡景峰，都是他的弟子，他也很自然地被聘為中華隊的教練。

在日本兩次硬仗中，他調度得宜，使中華隊順利地贏得了太平洋區代表權。在美國威廉波特，他指揮若定，使中華隊三戰三勝，躍登世界少年棒壇王座。小國手們的用命，固然是致勝的主因，而吳教練的功勞，自然也大；但願他返國後，能夠找到一份和他興趣相投的職業，讓他不愁衣食的情形下，發揮才華，為國家造就更多的棒球人才。

洛杉磯一遊
〔1969年（民國58年）8月30日〕中華隊途經美國洛杉磯，投宿於「假日酒店」。酒店外掛出「歡迎中華民國金龍隊冠軍隊」。（徐正澤攝）

中華少棒凱旋歸國的前夕，
台灣社會洋溢著歡欣鼓舞的情緒，
準備舉行盛大的歡迎儀式

在中華少棒凱旋歸國的前夕，台灣社會洋溢著歡欣鼓舞的情緒，準備舉行盛大的歡迎儀式。為了如何歡迎小將，各界紛紛提供意見。不過社會意見領袖多主張不要過於舖張，不要添加無謂的困擾。薩孟武說，這14名小國手今後讀書應享有獎學金，不過他並不主張今後小國手都享有免試升學的權利。他認為可以比照僑生、邊疆學生，在升學考試中給予加分的待遇。教育部長鍾皎光則呼籲各界，大家在歡迎小國手的熱潮中，不要過份感情用事，應該使小國手早日回到父母的懷抱，早日恢復他們寧靜的生活。鍾部長說：「他們在棒球方面已有相當的成就，但他們年齡尚幼，應該接受正常的教育，使德智體群正常發展，將會成為現代化的國民。」至於棒球委員會理事長謝國城去了美國一趟以後，感觸深刻，他開始深入思考未來台灣棒球運動發展的長遠問題。《中央日報》一篇發自東京的特稿，生動地反映了他的心境：

郭源治、余宏開的家人
〔1969年（民國58年）9月5日〕中華少棒隊台東籍球員郭源治、余宏開兩位小國手的雙親飛抵台北，準備迎接凱旋歸來的兒子。（陳永魁攝）

【本報記者王宗蓉東京航訊】在遙遠征途的回程中，「家」一天天的近了，小國手們的「心」雀躍著，歡欣洋溢在中華少棒隊的每一個人之間；他們一面數著歸期，一面翻閱著本報航空版，一面還侃侃而談回國後的心願，建議一些今後棒壇邁進的方向。

率領少棒隊越過太平洋區而勇取世界杯冠軍，建功至偉的謝國城領隊，在威廉波特結束最後一場爭霸戰時，就述及了對這次少棒隊的感想。謝國城是位腳踏實地，十多年來從不鬆懈棒球運動的熱心者，他坦誠地說：少棒隊的成功是我國教育制度的成功。九年國民義務教育的延長，使萬千名好動而具有天份的學童獲得了充份的運動量。一年來，我國少年棒球運動從無到有，又從「有」到勇奪世界冠軍，這令人震驚的成績，是促使我國運動邁進一大步的跳板。因此，謝領隊說：少棒隊的成功，是總統號召推行全民體育以來，第一項豐碩的果實。

在謝國城的腦海裡，最近一直浮現著美麗的藍圖。在美國停留的三週中，中華少年棒球隊曾先後仔細地參觀了威廉波特、洋基、麥迪遜、道奇、巨人等棒球場；在這些寬廣、標準、舒適的棒球場裡，美國不知培養出多少傑出的棒球明星，也不知風靡了多少棒球迷。謝國城在親自目睹球場所帶給美國棒壇的盛況後，他再度強調他多年來的宿願——建造一座可容納三萬人左右的棒球場。謝國城說：棒球運動目前已成為國內受歡迎的運動，如果我們有一座像樣的比賽場地，許多國內的居民將像美國、日本一樣走向棒球場，鼓舞著棒球運動的興盛。

謝國城回憶著說：去年度台北市長高玉樹曾允諾撥地建造體育場。少年棒球場或棒球場的佔地不大，如能獲得政府撥地，他相信在多方面出錢、出力下，國內能有一座標準場地，謝國城有自信地說：我國的棒球水準相當高，只要有場地，就能事半功倍。

談到這次立功的小國手們，謝國城感動地說：他們在這樣小的年紀就能為國爭光，實在是件難能可貴的事情。他在閱讀本報航空版後，知道了

國內對小國手們的關心與愛護，同時，也知道了政府將給予獎學金培植他們，甚至也有可能讓小國手們繼續在一起讀書、集訓。對於這種種刻意的安排，謝國城除了感激外，並提供了一項最值得重視的意見。

謝國城說：小國手們能獲得獎學金是件好事，但最重要的事是小國手中有十三人已升入國中，他們會不會因所就讀的國中校長不重視運動，而中斷對棒球的勤練？或者，國中會不會因為即將面臨升高中的聯考，而迫使小國手們不得不退出棒壇，死啃書本？這兩個令人憂心的難題，謝國城說：如果他們能解決，受到國中校長甚至教育當局的重視的話，他相信，小國手們不但會發揮潛力，而且深信還有其他更多的優秀棒球員被發現。

1.盛大歡迎
〔1969年（民國58年）9月7日〕中華少棒隊榮獲世界少棒賽冠軍，凱旋歸來，台北機場上已等候著大批的歡迎人潮。（馮國鏘攝）

2.小孩的獻花
〔1969年（民國58年）9月7日〕中華少棒隊一下飛機，首先先接受新進少棒球員的獻花。（馮國鏘攝）

3.台北市民的熱情
〔1969年（民國58年）9月7日〕中華隊初返國門，每一位球員即分乘吉普車遊行台北市區，接受市民熱情的歡呼。（馮國鏘攝）

至於小國手們有沒有必要集中在一起讀書、訓練？謝國城認為：不必要。他分析說：運動是一項競爭，是一種需要對手越多越好的競爭。如果，只注重小國手的訓練，而不重視其他國中的棒球訓練的話，小國手們無法在競爭中求進步，其他球員則在球技相去較遠下，失去比賽興趣。因此，為著發掘、培養更多的好手，謝國城切盼教育當局，呼籲國中提倡體育，勿蹈入當年國校「惡補」的覆轍。

不過，對於今後各國中、國校中較突出的球員，謝國城也有著理想計劃，他說：他將與棒壇人士共同取得聯繫，於寒、暑假期間，撥出時間，專門訓練這批有前途的好手。謝國城特別強調：棒委會將全權負責棒球技術方面的問題，有關場地、棒球選手就學、提倡棒運等問題，則有賴教育單位密切合作才能生效。

在本屆世界杯比賽中能使中華隊發揮最高戰力，漂亮的奪得冠軍的另外兩大功臣，要推副領隊簡永昌與教練吳敏添。這兩位在棒球技術上有專長的「智囊」，在獲得冠軍後有兩項感觸：第一，中華民族在各方面都是不輸於人的，只要肯做就有成績。第二，中華少年棒球隊這次奪得冠軍，勢將激起日本以及世界各區隊的苦練，中華隊要如何保持光輝的成果，有賴各方面的合作。簡永昌對現有的小國手所抱的希望是，要他們不要驕傲，好好做人，繼續苦練，對於今後少年棒球，則希望各縣市從速成立棒球分會，每一地區都能培養出堅強的勁旅，以便下屆世界盃比賽時，不受到日本，或大會所抗議的——必須以區域性為代表隊這個問題的干擾。吳敏添教練是本屆賽會的風雲人物，他除了和簡永昌具有共同意識外，他個人希望能一直為嘉義大同國校訓練棒球隊。同時，自己能先獲得正式的職業，以便每天下午以空餘的時間訓練球員。

萬人空巷的盛況
〔1969年（民國58年）9月7日〕
中華隊凱旋遊行，經過中華路時萬人空巷的一景。
（馮國鏘攝）

莊凱評的座車

〔1969年（民國58年）9月7日〕

中華少棒隊員莊凱評的座車穿過市區圍觀人群之一景。（陳永魁攝）

1

2

1.陽台上的人潮
〔1969年(民國58年)9月7日〕站在樓房陽台窗邊觀看中華隊遊行隊伍的市民。(陳永魁攝)

2.沸騰的城市
〔1969年(民國58年)9月7日〕中華少棒凱旋車隊經過一處工地。(陳永魁攝)

1969

在各界慶中華隊勝利歸來時
有關少棒隊員未來的發展之路
也受到各界的關注

在各界慶中華隊勝利歸來時，有關少棒隊員未來的發展之路，也受到各界的關注。以下《中央日報》一篇報導，敘述了球員們各自面臨的狀況：

隊長陳弘丕是這次少棒隊中最任勞任怨的一員。陳弘丕個性開朗，樂於助人，他是全隊中唯一舉雙手贊同少棒隊繼續居住在一塊兒，讀書在一起的認真的球員。他說，這樣可不必擔心學校准不准他們練球，並且可使球技繼續有進步。這位將進入嘉義北興國中的隊長說，他希望他的球，打得像美國職業棒球隊那般出神入化的好。

陳智源，已成為世界少年棒壇中，最出色而引人注目的投手。美國的兩名最紅明星球員，都自嘆當年不如陳智源。而美國道奇隊、巨人隊的經理，更曾向陳智源表示過，要他來美參加職業隊，並接受訓練。但是，陳智源都謝絕了。他說：太遠了！只希望在台北或台南練就好了。陳智源將升入台南明德國中，他說，這所學校也有棒球隊，他仍然可以繼續打球。但如果能有像方水泉或石榮堯等

1.郭源治、陳智源、余宏開
〔1969年（民國58年）9月7日〕在返國記者會中，中華少棒隊員陳智源（中）、郭源治（左）、余宏開（右）捧著冠軍杯留影。

2.初生之犢的小源
〔1969年（民國58年）9月7日〕全國各界歡宴中華少棒隊中，郭源治擺出一個打擊的姿勢。（馮國鏘攝）

好教練訓練他的話，他會有更大的進步的。陳智源是位聰明但沉默的孩子，打球肯用腦筋，並且百投不厭，他很喜歡和他的隊友一起接受訓練，但是，他覺得在父母身邊比較舒服。

蔡松輝是陳智源的最佳搭檔。他

擔任捕手已有三年半的歷史，雖然口口聲聲說：回國後不打球了，太苦了，但是，在美期間，他一直在設法買棒球用具。他說，他買球具的目的，是要送給培養他的玉井國校。事實上，他自己也需要一套捕具，以供未來練習之用。蔡松輝在奪得冠軍後，很感激過去方水泉教練給他校正錯誤。他說，回國後，如果還打球，希望方教練能教他。至於打球以外的事，蔡松輝很擔憂趕不上功課。他說：一面打球，一面唸書，一定很

苦，如果不考試多好！

小黑仔余宏開，是全隊裡最開心的一個，因為他知道了他的爸媽將在台北迎接他。他說，他將把華僑叔叔伯伯以及留學生們所贈送的近萬元新台幣，送給爸媽存起來。這位同被台東紅葉、武陵國校及台中忠孝國校看重的小球員說，回國以後要好好再打球，隨便唸那個學校都可以，只要球打得好，都可以。他又說：台中、台北的生活比較舒服，但是台東的朋友比較多，玩起來比較熱鬧。

莊凱評是最幸運而討人喜愛的球員。他原就讀台南永福國校，即將進入台北大同國中。他說：他希望大同國中能重視棒球，並且能有許多人共同打棒球。他說：儘管在小學時功課很好，但是，唸國中後就不一樣了。他希望台北的高中很容易考，而且希望這次的隊友們都能唸大同國中。

郭源治是本屆賽會中，唯一擊出全壘打的好手。這位既聰明又頑皮的台東新生國校學生，即將升入新生國中。他說：台東的棒球風氣實在很盛，就是有時錢不夠，不能上台北參加比賽。因此，他希望今後的台東國

校隊，能獲得補助，他相信這樣台東會產生更多的國手。郭源治還希望即將超過十二歲的他和其他球員，能有機會保持集訓，不要因為升入國中，好手分散不能再經常練習、比賽了。

黃正一是最沉著的一壘手，反應快而肯拚。他將進入嘉義民生國中就讀，他說：唸書實在很苦，但是不唸又沒有球打，因此，他希望學校不要太為難就好。黃正一的家務農，他本人也喜歡種田、搓麻。他說，除了打棒球外，要數種田最有意思。他不希望遠離父母到台北唸書，但是，他希望方水泉教練能繼續訓練他們。

林建良是位體格標準、能成為棒球明星的小國手，他將進入台北雙園國中就讀。他說：打球很好玩，就是碰到教練太兇時沒意思。他說：一回台北就要開學了，如果連ABCD都不會，打棒球也就沒意思了。他說：要想書唸得好、球也打得好的話，只要讓每一個學校的學生都必須去選擇一項運動，這樣在公平競爭下，打起球來才比較安心。

小胖子張瑞欽是選自台中大同國校的小國手，回國後即將升入台中市二中就讀。張瑞欽說，他回國後最大的願望是改正過去自己投球的缺點，能夠投出七種變化球，首先，希望能使中二中的棒球隊實力很強，繼而能稱霸全省各中學。張瑞欽說：他不擔心唸書的問題，也不擔憂沒有球打，因為，台中市二中很重視棒球。此外，他希望今後的棒球賽能經常在台中舉辦，這樣能使

更多的台中市居民前來觀看。

　　小瘦子李俊杰是全隊最小的一個，但是他的中外野手打得非常漂亮。李俊杰和陳智源是鄰居、校友，並將一起進入台南明德國中。他說：他最不喜歡自己個子長得太小（一四三公分），因此，他希望升入國中後，他的身高直線上升，以使他在球場上，一面能搶截高球，一面還能令對方生畏。李俊杰並不希望與隊友們居住在台北共同練球、讀書。他說，離開爸爸、媽媽太遠，不方便。同時他說：他的爸爸現在仍是公賣局棒球選手，可以親自指導他。唯一的願望就是不再是小瘦子。

　　陳鴻欽的體重與李俊杰一樣，卅一公斤，看起來也瘦了一點。他說，回國後，也希望自己胖一點，高一點。他和李俊杰同樣瘦的原因，據說：並非吃不下飯，可能是營養不太夠，尤其是當他們在國內集訓期間，天天有相當吃重的訓練，可能營養方面沒注意，而影響身體的發育。對此問題，記者特別建議政府或所屬學校，在訓練球員時，應給予足夠的營養。

　　溫天壽和黃正一、陳鴻欽、蔡景峰，是選自同一國校的小國手，四人亦將同進嘉義民生國中。溫天壽等原就讀嘉義大同國校，為本屆中華隊的選拔賽冠軍隊，在大同隊裡個子不高的溫天壽竟是該隊的最佳投手，但在中華隊裡，他不但輪不到做投手，而且改行為二壘手。這對溫

天壽來說，是有些難過的。也由於此，比賽期間，他上場的機會很少。不過，溫天壽天資聰穎。他說，回國後要繼續努力，習得真本領。同時，他建議比他小的球員們，能更認真練球，以便能於明年再次獲得世界杯冠軍。

蔡景峰是一位沉默而肯上進的好孩子，在嘉義大同隊時，曾為最佳投手。當初中華隊第一次組成時，他還是第一捕手，但因蔡松輝突飛猛進，使他失去擔當大任的機會。蔡景峰說：自從有蔡松輝以後，他的信心降低，回國以後，他說一定要好好練習接球，同時在打擊上也要下功夫。此外，他希望嘉義大同隊，明年再獲選拔賽冠軍。

陳玉佼是中華隊的第四號投手，由於陳智源、郭源治、張瑞欽等把鋒頭佔盡，所以沒有出場的機會，也頗使他難過。一度說不想再打棒球了，但是，考慮到將進入台中市立六中擔當棒球隊投手大任時，他又恢復了興趣，他說，他希望自己成為全能的球員，以不負父母的期望。

紀政大姊姊的勉勵
〔1969年（民國58年）9月7日〕中華少棒凱旋歸來後，到台灣電視公司接受主持人盛竹如的訪問，並與著名田徑女傑紀政交換運動競賽的心得。（馮國鏘攝）

總統暨夫人
接見載譽榮歸的中華少年棒球隊和
譽滿歐亞的田徑女傑紀政

有關少棒隊員前往總統府一事，《中央日報》相關特別報導如下：

【本報記者王宗蓉專稿】民國五十八年九月九日，清涼的早晨，在巍峨的中山樓裡，總統暨夫人接見了載譽榮歸的中華少年棒球隊和譽滿歐亞的田徑女傑紀政。

下午，在記者面前，小國手一面轉動著烏溜溜的眼睛，一面滔滔不絕地談著總統暨夫人接見他們的經過。

投手陳智源，平時一向少說話，昨天，他好高興好高興地說：「八日我作了一個夢，夢見謝領隊跟我說，總統九日要看看我們。醒來時，我有一種預感，總統一定會接見我們的。於是，我在鏡子前仔細地整理衣裝，上午九時半，我接受了教育部長、省體育會及謝領隊的頒獎，我心裡默默在想，如果，我現在是站在偉大的總統面前多好。十時十分，我看到謝領隊的臉上掛著興奮的笑容。副領隊說：你們到陽明山時要守秩序，要懂禮貌。他還沒有說總統要接見我們，但是，我突然想起，總統是住在陽明山的，我的心突然緊張了起來，迫不

及待地等著去中山樓。」

黃正一、李俊杰、莊凱評、蔡松輝聽了陳智源這樣說，立刻搶著表白：「我們還不是一樣，我們就曉得總統一定會接見我們，只是不曉得會這麼快。」

臉上閃爍著得意之色的謝領隊說：「多少年來，我一直渴望著，有一天能將我所喜愛的棒運成果呈獻給總統，今天，我的心情非常輕鬆、興奮，沒想到小國手的努力使我達到了我的夢想。」

簡副領隊樂不可支地說：「當我看到總統暨夫人以慈祥的笑容向我們致意時，我幾乎忘記我們正坐在總統的官邸中。夫人還問我：平時做什麼工作？我內心極為感動。我永遠難忘夫人關切的美意。」

吳敏添教練說：「當我看到總統和夫人時，我有許多話想向總統暨夫人說，但興奮的心情使得我不知如何說才好。我發現他們的臉孔一直掛著笑容，我想，我只有用興奮的笑容來表達對總統及夫人接見我們的感激。」

林建良說：「我看到總統及夫人走進大廳時，心情緊張，高興得腳步

都不聽指揮，朝著總統那邊走去，幸虧陳智源抓住了我，我才站住了。」

黃正一說：「好多人都說總統很嚴肅，但是我覺得總統很慈祥，他老人家的嘴角一直笑瞇瞇的，我真想跑過去，請總統單獨與我拍照留念。」

蔡松輝說：「我想總統和夫人一定記得我，因為，當他倆叫到我的名字時，我的聲音最宏亮，手也舉得最直。」

溫天壽說：「當總統的武官宣布說，總統要走進來時，我的心都跳出來了，頭也不敢抬起來，腿卻站得很直。後來，我聽到總統及夫人的腳步聲，我悄悄地抬頭一看，他倆和藹地笑著，正揮手向我們招呼，我立刻按住了緊張的心，一直看著總統和夫人。」

郭源治說：「總統的身體真好，臉上露著紅光，一點都不像已有八十多歲了。蔣夫人好高貴啊，她叫我的名字時，我好笨啊，都忘記向她說謝謝了。」

余宏開說：「我個子最矮，排在最前面，看到總統和夫人最久、最清楚。我一直希望夫人能看到我。果然，她不但笑著對我們說話，而且還叫我的名字。我向總統及夫人敬個禮說：『謝謝蔣夫人。』」

陳弘丕說：「總統暨夫人叫我名字時，我的心跳得好厲害。總統問我：你在美國有沒有看到忠烈祠、博物院？我心裡明明說『沒有』，結果點頭說『有』。總統好像知道我說錯了，不但沒有生氣，而且向大家說，要我們明（十日）天上午到忠烈祠、中山博物院看看。雖然，我今天表現得很笨，但是，我最神氣，因為總統暨夫人跟我說了很多的話。」

與蔣總統夫婦合影

〔1969年（民國58年）9月9日〕蔣中正總
統、宋美齡夫人在中山樓接見中華少棒隊
員。（陳永魁攝）

小國手們都說：「蔣夫人曾讚揚我們在國外的表現，她說她收到美國朋友的來信，講我們中華隊有三個最好的優點──合作、有禮貌、守紀律。總統則說：我們小國手作了一次很好的國民外交。我們聽了後，都高興得合不攏嘴來。總統暨夫人還提議和我們全隊及家長合影留念，我們希望永遠能珍藏這一幅合照，這是最寶貴而令人驕傲的大事情。」

小國手們滔滔不絕地談著。他們一致說：「總統不但身體健康，而且聲音宏亮，記性很好，叫了一個名字就記得一個名字。」

紀政小姐看到小國手們那麼興高采烈地談著，她也說：「今天我雖是第四次受到總統暨夫人接見，但是興奮的心情較已往有過之而無不及。總統暨夫人在接見小國手後還單獨的接見我，不知不覺中竟談了二十分鐘。他倆關心地問我在國外的生活，還問我要不要在學成後回國。我意志堅決地說：我一定會回來的。總統暨夫人讚揚我在國外出賽期間的不忘祖國，事實上，每一個在外的中國人，都以作中國人為榮。」

民國五十八年九月九日，對若干人來說，是平凡的一天；但對中華少年棒球隊的小國手及紀政，卻是他們生命中最值得記憶的一個好日子。

中華少棒隊在台北接受了各種歡迎儀式後，又南下全省各地接受各界歡宴。此外，他們也走訪了一趟金門，接受前線戰士以軍禮迎接，並在馬山眺望大陸。當他們正在凝望著對岸時，對大陸廣播的廣播器中傳出：

「親愛的大陸同胞子弟們，來自台灣省的中華金龍少年棒球隊，在最近參加美國舉辦的世界杯棒球賽中，先後擊敗了加拿大及美國各區隊，贏得世界冠軍。這一項成功是我國運動史上的大喜事，也是教育史上的成就。想一想，你們的子女現在過的是什麼樣子的生活？」

此外，中華隊分為紅白兩隊，在嘉義舉行表演賽，吸引了近二萬的觀眾熱烈加油。結果由陳智源、蔡松輝領軍的白隊，以13A比4大勝郭源治、余宏開領軍的紅隊。隨後，五位嘉義籍的選手去探望倡導少棒甚力的曾本先生的墓園，十分感人。《中央日報》報導如下：

【本報記者陳希文十三日特稿】當嘉義籍的五位棒球小國手陳弘丕、陳鴻欽、黃正一、溫天壽、蔡景峰，由教練吳敏添陪同，昨天上午，站在嘉義市郊的曾本墓園，向這位倡導少年棒球最熱心的已故體壇聞人，獻上花環，衷心地感念曾先生的培植，在場的人都哭了。

曾本先生的遺孀黃月枝女士，哭腫著眼說：如果她先生在世，看到小國手們，今天有這了不起的成就，不知會多麼高興。曾先生的八十歲老父，昨天也由家人扶持，站在墓園感謝大家的一番好意。黃女士昨天特製十八枚金質紀念章，分贈中華隊全體隊職員。她說：她們家的經濟狀況並不見得太好，但相信已故的先生一定很高興她這樣做。

中華少年棒球隊的管理陳慶星，以及其他縣市籍的九位小國手，昨天也隨行前往墓園，當他們由嘉義籍的隊友們聽到曾本生前熱心體育的壯舉時，大家莫不感動。

曾本是一位商人，但他非常熱心體育，尤其喜愛少年棒球。五年前，他曾捐出鉅資，買了很多套棒球用具，分贈嘉義各國民小學，當時嘉義各國小還沒有棒球隊的組織，曾本贈送球具，附帶了一個條件，就是受贈學校要組織球隊，準備參加一年後他所舉辦的少年棒球賽。

去年嘉義市垂楊國小隊，首先在全省少年棒球賽中獲得亞軍，今年大同國小榮獲全國首屆少年棒球賽的錦標，這次中華少年棒球隊榮獲世界第一，十四名隊員，嘉義縣就佔去五位，教練也出於嘉義，皆賴曾本當年倡導之功。

曾本於去年元月病逝時，還念念不忘體育，他在病榻上，曾簽字慨允負責縣體育會十萬元的虧空，那時他雖是體育會理事長，但經濟狀況已大不如前了。

王貞治也來打氣
〔1969年（民國58年）12月17日〕
旅日華裔棒球打擊王王貞治來台灣訪問，並探望中華少棒球員。
王貞治向小球員們說明打擊的要領。
並示範他獨創的「稻草人」式打擊姿勢。（陳永魁攝）

1970

七虎隊輸了球
得知此一結果的國人幾乎同聲一哭

挾著金龍少棒榮獲世界冠軍的餘威，
第一屆全國少棒賽盟主七虎隊亦是虎虎生威，
投手盧瑞圖、許金木在未出國遠征前已是家喻戶曉了。

在太平洋區的預賽中，七虎隊果然銳不可擋，打擊火力強大，
大敗日本和歌山隊，首度讓日本少棒界輸得無話可說。

太平洋區中的輝煌戰績，
加強了七虎隊蟬連世界冠軍的樂觀預期，無形間警覺性不足。

結果七虎隊在世界少棒賽的首場碰上尼加拉瓜隊時，
對方派出球路凌厲的左投手巴茲，成功地封鎖住七虎隊的打擊。
在緊張和焦慮的氣氛下，七虎隊輸了球。

在電視螢幕或收音機旁得知此一結果的國人幾乎同聲一哭，
教練方水泉說：「回去怎麼交代呀！」
謝國城則強忍著悲傷，哽咽地安慰著孩子們。

吳敏添則是伏在窗前，沉默不語。
倒是蔣中正總統照例接見七虎隊，一生不看棒球的他以球評的姿態說：
「如果七虎隊每次出戰，都像對日本和歌山的戰績12比0，獲得全勝，
這種連續的勝利，可能只會導致小朋友的驕傲，這種驕傲，就是失敗。」

群眾高聲歡呼
〔1970年（民國59年）5月24日〕
第二屆全國少棒賽冠軍爭奪戰中，由七虎隊對金龍隊，
看台上七虎隊的加油群眾揮舞著虎旗，高聲歡呼。（黃國俊攝）

第二屆全國少棒賽
七虎最終以2A比0擊敗金龍隊
獲得第二屆全國少棒賽冠軍

第二屆全國少棒賽於1970年（民國59年）5月17日開始，於5月24日結束，共有北區小鷹隊、中區金龍隊、東區朝陽隊和南區七虎隊共4隊參加。各隊實力都頗強，其中七虎隊的打擊十分突出，小鷹隊打擊較弱，但擁有傑出投手謝文祥，金龍隊整體來說比較平均。比賽採雙循環，最後在5場比賽之後，七虎隊和金龍隊同為5戰3勝2負，小鷹隊和朝陽隊則是5戰2勝3負，由七虎隊和金龍隊爭奪冠軍。比賽在台北市立棒球場舉行，吸引了大批的球迷前來觀賞，關鍵比賽甚至高達2萬多人，前看台前面都站滿了人，少棒熱潮正吹向最高點。七虎和金龍的冠軍爭奪戰，雙方實力相當，戰況相持不下，戰到第六局仍以0比0平手，最後七虎隊第五棒楊福興揮出一支2分的再見全壘打，使得七虎隊最終以2A比0擊敗金龍隊，獲得第二屆全國少棒賽冠軍。

強棒楊福興
〔1970年（民國59年）5月24日〕七虎隊
五棒楊福興擊出全壘打時，選手高興地跳起來。（黃國俊攝）

世界少棒聯盟
理事長麥高文來台訪問

世界少棒聯盟理事長麥高文，6月1日由東京飛來台灣訪問3天。麥高文一到台灣就去陽明山探視他所懷念的金龍少棒隊。他說，當他看見金龍隊時，就已知道台灣少棒驚人的潛力。儘管麥高文語多讚賞，但他此行也帶著另一個目的，即是監督中華少棒組成的方式。麥高文強調，參加世界比賽的球隊是地區性單元球隊，而非國家明星隊，是希望藉此平均各地方球隊的水準與健全兒童的身心平均發展。事實上，1969年（民國58年）中華少棒獲得世界少棒冠軍後，其明星隊的組成方式即受到質疑，其中日本因直接關係本身權益，反應最強。本屆中華少棒舉行選拔賽期間，世界少棒聯盟即派了監察人喬治伍德前來台灣觀賽，並監督中華少棒比賽完全照規定辦理。此外，謝國城稍早到東京參加太平洋區理事會議時，日本少棒界人士即曾提出有挑剔意味的質問，包括問謝國城為什麼日本少棒代表隊要到7月15日才能產生，而中華少棒代表隊在5月間就完成選拔呢？謝國城解釋說，中華隊在5月間產生是有重要理由的，因為台灣小學生在6月間都要參加畢業考試，所以只有提早在5月間選拔。謝國城表示：「日本少棒界對我國少年棒球情形非常了解，幾乎全部動態都瞭若指掌。因為三井物產公司派有專人搜集資料寄回日本。」由於中華少棒表現優異，引起競爭對手日本密切關注，使得台灣少棒界不斷改善本身的情況，以免落人口實。此外，隨著台灣社會支持少棒熱潮日盛，觀眾觀賽情緒高昂，一部份惡質的觀眾也跟著出現。包括一些球迷不滿裁判判決時會大吵大嚷，並拋擲紙帽和汽水瓶進入球場。這些事情逐漸喚起檢討之聲。

七虎奪得全國冠軍
〔1970年（民國59年）5月24日〕獲得全國少棒冠軍的七虎隊高舉冠軍杯。（黃國俊攝）

麥高文的造訪

〔1970年（民國59年）6月2日〕副總統嚴
家淦接見來訪的世界少棒聯盟主席麥高
文，坐在旁邊的是全國棒球委員會理事長
謝國城。（陳永魁攝）

七虎隊出征
受到各界高度關心

受到金龍隊獲得世界少棒冠軍的鼓舞，今年七虎隊揚帆出征即受到各界高度的期待，無形中的壓力也很大。本屆太平洋區預戰共有中華七虎隊、日本和歌山、關島和馬紹爾以及菲律賓等5隊與賽，其中七虎隊與和歌山隊是爭奪冠軍的大熱門。此外，台灣電視公司和中國電視公司將作重要比賽的現場實況轉播。《聯合報》記者張昭雄分析七虎隊賽前狀況如下：

世界少年棒球太平洋區預賽的日期，一天一天接近，各方人士對這項球賽莫不熱切關注。

七虎少年棒球隊，決定明日踏上征途，準備爭取太平洋區的代表權，進而向世界少棒賽進軍，再度蟬聯世界少棒盟主，為國爭光。

今年世界少棒賽，我國能否再度贏取冠軍，沒有人敢作斷言。因為球賽無必勝之道，何況這是年僅十二歲小孩的一種競技，尤其臨場演出的水準，實在不容易猜測。

七虎少棒隊經過嚴格的訓練，從各方面看來，的確比去年的金龍隊技高一籌，不少行家推測，以七虎少棒隊的近況，要蟬聯世界少棒盟主，應該是很有把握的。

但根據一些體壇資深人士透露，以往我國體育史上時常發生一種通病，希望愈大，遭遇的失望更大。譬如，楊傳廣在十八屆東京世運的十項全能項目，原有把握奪取金牌，但大家過份殷望，結果令人失望。

名震東瀛的棒球王王貞治，在今年初回國時曾經表示過，如果要使我國少棒再度奪取世界冠軍，千萬不可給小孩心理上加重負擔。

目前，國人都有種過高期望的心理，因為，去年我國一鳴驚人，贏得世界王座，於是，對今年七虎少棒的要求及期望無形中加重。

自金龍少棒在去年世界少棒奪魁之後，我們的訓練方式及專長，都已經暴露於日本人之前，甚至於世界各國少棒也同樣地特別重視我國少棒的一舉一動。

七虎少棒隊要進軍世界少棒總決

賽，首先必須在本月廿七日開始的太平洋區預賽中奪取冠軍。

　　參加今年太平洋區預賽的，有我國、日本、菲律賓、關島及馬紹爾群島等五隊。

　　根據最新的資料，足能構成威脅七虎少棒隊的是日本的代表隊，其次是菲律賓隊。

　　日本代表隊的選拔仍在如火如荼的進行，無論是關西聯盟，或者是關東聯盟的代表隊贏取日本代表權，對七虎隊來說都是最大的勁敵。

　　菲律賓初次參加比賽，但該隊是一支網羅十六個參加選拔的球隊精華的「聯軍」，該領隊曾在本月中旬揚言可勝日本及我國，因此，有人說菲隊可能是一匹「黑馬」。

首征日本
〔1970年（民國59年）7月24日〕參加世界少棒賽太平洋區預賽的七虎隊，搭機前往日本。（陳漢中攝）

　　據來自菲律賓的華僑指出,菲隊每天做六小時以上的苦練,他們球員的體型相當高,打擊力強。這位旅居菲律賓的華僑透露,菲國球員的年齡成不成問題,實在是一個謎。

　　由於菲國初次參加比賽,世界少棒聯盟對他們組隊並不太在意,到時候,也許像去年金龍隊脫穎而出,卻很難預料。

　　儘管,日、菲將可能威脅七虎隊,但行家們一致認為七虎隊有足夠的潛在力,可橫掃太平洋區各隊,而進軍世界少棒的決賽。

　　不過,棒壇某人士曾經透露一件七虎少棒美中不足的事。這位人士說,七虎少棒隊的智囊團,遠較去年遜色,其中很明顯的一個例子,七虎少棒隊的管理,並非棒球專家。

　　少棒聯盟規定,比賽中的球隊其球員休息處,除了教練、管理員、球員之外,所有球隊關係人,一律不准進入。

　　七虎隊教練吳敏添,雖為一名優秀的人才,而且經驗豐富,可是,往

往在一場激烈比賽中，如果沒有一名
比較冷靜或是行家在旁參謀，可能不
易有十全十美的表現。

　　去年金龍少棒的管理簡永昌是棒
壇專家，他在比賽中時常協助吳敏
添，使得一帆風順場場過關，因此，
今年七虎少棒缺少一位專家管理，為
美中不足之處。

　　七虎少棒即將踏上征途，國人無
不期望他們載譽歸來，願全國上下共
同勉勵，使七虎少棒再度稱霸世界少
棒，為國爭光。

客廳裡的忠實球迷
〔1970年（民國59年）7月27日〕
中華七虎隊在太平洋區預賽首場比賽中，以12A比0
擊敗菲律賓。圖為這一場比賽中，台北一個家庭
中，擠滿了觀賽的鄰居。當時電視尚未充份普及。
（陳漢中攝）

台北火車站候車室
〔1970年（民國59年）7月31日〕
七虎隊與日本和歌山隊爭奪太平洋區預賽冠軍時，
台北火車站候車室的旅客佇立凝神看著上方的電視實況轉播。（陳漢中攝）

太平洋區冠亞軍決賽中
七虎隊以12A比0
輕鬆地擊敗日本和歌山隊

太平洋區冠亞軍決賽中，七虎隊打擊力強大，防守天衣無縫，終場以12A比0輕鬆地擊敗日本和歌山隊。這一場比賽使得一向對中華少棒頗多挑剔的日本少棒界心服口服，也使得台灣棒球界對於七虎隊再度揚威威廉波特，充滿了樂觀的情緒。《聯合報》黑白集「龍虎榜」反映了當時的看法：

黑白集

本年我國少年棒球代表隊——七虎隊，已於昨日在東京府中市三井物產棒球場上擊敗了日本和歌山隊，贏得太平洋區的代表權，即將進軍美國威廉波特，從事世界杯的衛冕賽。捷報傳來，舉國人士莫不爲之歡欣鼓舞，對於七虎諸小將的球技精湛，鬥志高昂，予以一致的讚賞！

七虎隊在國內選拔賽中，僅以一分「險勝」評價極高的金龍隊，因而有些人對於該隊的出國遠征，頗爲擔心。然而，該隊經短期集訓之後，實力銳進，益見堅強。上月廿七日在對菲律賓隊的交鋒中，以無懈可擊的防守，制服了對方的進攻，而以強烈的打擊力，打出了十一支安打，且其中更有三支全壘打，結果以十二A比零的光榮紀錄，旗開得勝，確立信心。而昨日在對日本和歌山隊的決賽中，再度以十二A比零的輝煌戰果，榮獲冠軍，確保霸權，有過這兩場所向無敵的戰績，我們深信在未來的世界杯衛冕戰中，小將們必能發揮他們的「虎威」，穩操勝算。

金龍、七虎，在世界少年棒壇上寫下了光榮的「龍虎榜」，深盼體育界拿出「生龍活虎」的精神，推行全民體育運動。

1. 七虎對和歌山

〔1970年（民國59年）7月31日〕

電視轉播七虎隊對和歌山隊的冠軍爭奪戰，圖為投
手盧瑞圖打擊的一景。（陳漢中攝）

2. 日本華僑的加油

〔1970年（民國59年）7月31日〕

七虎隊對和歌山隊比賽中，電視轉播中華僑為七虎
隊加油的盛況。（陳漢中攝）

3. 大敗和歌山

〔1970年（民國59年）7月31日〕

七虎隊以12A比0的懸殊比數擊敗和歌山隊，使得日
本少棒界終於接受中華少棒技高一籌的事實。

（陳漢中攝）

太平洋區預賽七虎隊載譽歸國

七虎隊捧著太平洋區預賽的冠軍歸來時，機場已擠滿了歡迎群眾，冒著炎熱的陽光，擁擠在松山機場四周，爭睹小隊員的丰采。台北市雙園國中軍樂隊、松山國中及龍山國小的女學生，也都列隊歡迎七虎隊，並為他們獻花。小國手的車子經過敦化北路、南京東路，轉入松江路，到達天使大飯店時，夾道圍觀的人群擠得水洩不通。一長串的鞭炮，由天使飯店一直垂掛到地面，當小國手抵達時，開始燃放，附近的民眾、行人和車輛都停下來看，造成交通阻塞。對於民眾的熱情也有輿論提出警語。《聯合報》記者張昭雄有文如下：

贏得太平洋區少棒預賽冠軍的中華七虎隊，將於今日返國，全國上下以無比興奮的心情，迎接這些揚威東瀛的小英雄們回來，對於如何歡迎七虎隊的凱旋，全國體協會理事長楊森，已經發表過談話，他認為歡迎場面愈是簡單，對七虎隊各方面都有助益。

楊理事長是以長途電話與謝國城領隊接洽過，謝領隊的意思，希望國內不要過份的歡迎他們，以免影響球員們的心理。謝領隊的這種觀點，非常正確。

何況，七虎隊擊敗和歌山隊獲得冠軍在三井球場時表示，七虎少棒奪得太平洋冠軍僅是第一個目標，還有第二個更重要的大目標——蟬聯世界少棒盟主在後頭，因此，七虎隊尚須繼續努力。

謝領隊的心意，與國內上下完全一致，然而，七虎隊這次回國，還要繼續集訓，準備問鼎世界王座，所以，我們希望國內各界最好不要太過份的「捧」球員，以免使球員們內心存有驕傲與「明星式」的心理。

誠如中央黨部的指示，這次七虎隊回國最妥當的歡迎方式是精簡，不要有太舖張的場面，等到七虎隊奪得世界冠軍榮歸時，才擴大歡迎。目前，國內各界都以無比興奮的情緒，

準備歡迎這批為國爭光的小國手，這種觀念絕對正確，但是他們的任務還沒有完全達成，最好不要打擾他們。

其次，七虎隊回國之後，準備翌日（四日）前往新竹清華大學操兵。

有關單位如果要獎勵七虎隊，最好不要作接見或拜會活動，免得浪費他們訓練的寶貴時間。

去年金龍隊贏得太平洋冠軍，在八月一日班師歸國，這裡拜會、那裡拜會，還要趕辦出國手續，在八月十三日出發時，該隊一名負責人說，真正算起來，金龍隊的練球時間只不過是一個禮拜而已。

所以，假若要使七虎少棒進而贏取世界盟主，拜會的活動最好能夠取消，俟七虎如願奪得世界冠軍時，再予以盛大的歡迎或接見與拜會。

七虎少棒原定今日中午十二時零五分由大阪飛抵國門，但是，昨晚有許多傳說，七虎為了怕國內各界過份熱情，以盛大歡迎的場面對小國手們疲勞轟炸，決定改乘黃昏夜航歸國。

除了減少拜會、應酬之外，當七虎少棒在清大球場練球時，還需球迷們的通力合作，千萬勿使他們的訓練受到阻礙，這也是對七虎隊未來爭取世界少棒冠軍有莫大的關連。

總之，從七虎隊獲得太平洋區預賽的冠軍到贏取「世界冠軍」，還要經過一段艱苦的奮鬥。

太平洋預賽冠軍

〔1970年（民國59年）8月3日〕

七虎隊獲得太平洋區預賽冠軍以後凱旋歸國。

（馮國鏘攝）

1.看看關於自己的消息

〔1970年（民國59年）8月4日〕
七虎隊由台北轉往新竹進行集
訓。圖為小國手由天使大飯店出
發前往新竹前，與家人共讀著當
天報紙上報導民眾盛大歡迎七虎
隊由日本榮歸的消息。（馮國鏘
攝）

2.飯店裡的消遣

〔1970年（民國59年）8月19日〕
七虎隊在新竹完成兩週的密集集
訓後，返回台北天使大飯店，準
備赴美參加世界少棒賽。圖為七
虎隊員在飯店中打電動玩具。
（馮國鏘攝）

松山機場的送行

〔1970年（民國59年）8月21日〕
七虎隊一行19人前往美國參加世界
少棒賽。球員的家屬特別前來松山
機場送行。（陳永魁攝）

背負國人的高度期待
〔1970年（民國59年）8月21日〕
七虎隊帶著國人高度的期望
前往威廉波特爭奪冠軍。（陳永魁攝）

七虎隊帶著國人高度的期望前往威廉波特爭奪冠軍

七虎隊於8月21日飛往美國，全隊隊員和工作人員如下：領隊謝國城、副領隊林鳳麟、教練吳敏添、管理方水泉、英文秘書兼公關負責人黃天中。隊長盧瑞圖、隊員許永金、陳富嶺、楊福興、蘇豐原、吳瑞雄、郭俊林、黃永祥、侯德正、黃志雄、林華韋、李宗州、許金木。由於各方大力支持，七虎隊出國經費比起去年的金龍隊已相當豐裕。臨行前，各界賦予重望，中華民國駐紐約總領事館、中國新聞處、紐約中華公所、美東中國青年復興中華文化委員會執行委員會，聯合或個別包租巴士前往威廉波特，為七虎隊加油助陣，反應十分熱烈。

儘管七虎隊的球技和投手都達到高峰，但在8月25日世界少棒賽首場對尼加拉瓜的比賽中，七虎隊卻以2比3A落敗。主要原因在於尼加拉瓜派出球路凌厲難以捉摸的左投巴茲，使得打擊力旺盛的七虎隊完全無法發揮，前三局七虎隊的打擊完全被封死，第四局以後逐漸習慣巴茲的球路，到了第六局上半，七虎曾有滿壘、兩人出局的局面，但隨後蘇豐原擊出球被封殺於一壘時，七虎隊終於飲恨落敗。七虎隊輸球時，球場看台的華僑和留學生揮舞著青天白日的國旗，不少人都哭了。而遠在台北的觀眾凌晨二時起，看著電視上的賽情不禁心焦如焚，有的憂慮、有的跳腳、有的痛罵。當七虎隊輸球時，台視主播盛竹如含著淚光，而整體台灣社會也幾乎同聲一哭，沒想到原可順利贏球的比賽竟意外地輸了。至於背負沉重壓力的七虎隊小球員，心情更是難過。在第六局的緊要一刻時，侯德正奔回本壘被判刺殺，他哭著返回休息室，躺在地上痛哭，教練吳敏添把他抱到一角，用盡了言語安慰，但是沒有用。球賽結束，七虎隊的孩子當眾不敢掉淚，使用衣袖抹去汗水，也抹去眼角的淚痕。回到寢室，教練吳敏添獨自進入餐廳，伏在窗前一語不發，管理方水泉則搖搖頭，嘆氣說著：「回去怎麼交代呀！」領隊謝國城則強忍悲傷，哽咽地安慰孩子們：「沒關係，接下來還要好好打，要在落選中爭個頭名。」謝國城安慰了孩子們，和副領隊林鳳麟走出寢室，轉到

圍牆的後側，這兩位推動台灣棒球的前輩站在牆角邊，看著遠方的棒球場，球場上一個人也沒有。《聯合報》黑白集以『對不起』為題，勉勵七虎隊全體隊職員：

黑白集　「對不起」

肩荷「衛冕」重責，前往美國遠征的七虎少棒隊，不幸在昨日首次初賽中，出師失利，以一分之差而遭淘汰，不僅全體小國手們為此痛哭失聲，即領隊謝國城、教練吳敏添等，也為此飲恨流淚，他們的淚，表示出強烈的愛國心；這和去年金龍隊贏得冠軍是一樣的，令人為之深深感動！而教練吳敏添見到前來捧場的僑胞，一一表示歉意，低聲下氣的說：「對不起」，這種以國家榮辱為己任的負責精神，更令人感動！

昨日的比賽，吳教練在戰略的運用上，陣容的調度上，或有若干失策及失機之處，殊屬遺憾。然而，他已

ll

經盡了最大的努力，去年指揮金龍隊榮膺世界少棒冠軍
的，不就是他嗎？今年指揮七虎隊奪獲遠東區代表權
的，不也就是他嗎？如將此次的失利完全歸咎於他，是
不公道的。如因此次的失利而抹煞他卓越的貢獻，是不
公平的。他引咎自責，自己覺得「對不起」，但我們覺
得，他的引咎自責卻是「了不起」。

勝負乃兵家常事，況運動乎？吳敏添的引咎自責，
值得稱讚，更值得效法。我們應該在精神上支持他、鼓
勵他。英雄原不以成敗作論斷，我們曾在成功之時向吳
敏添喝采，也應該在失敗之時予以慰藉。

由於比賽採單循環，任何球隊只要輸一場即與冠軍
絕緣。七虎隊進入落選賽後，分別以6A比0
擊敗美南隊、以5A比0贏了西德隊。至於
贏了七虎隊的尼加拉瓜隊隨後以1比2輸給
美西隊，本屆世界少棒賽由美西隊獲得冠
軍，七虎隊名列第五。

七虎隊受挫，台灣社會檢討聲四起，
大抵上皆認為應記取今年的教訓，再接再
厲，為長遠發展之道及早作準備。《聯合報》
記者張昭雄撰文如下：

七虎少年棒球隊及將回國，各界對七虎
隊未能衛冕成功，雖感惋惜，但是，全國上
下仍然以熱忱的心情，與去年迎接金龍少

蔣經國雨中接機
〔1970年（民國59年）9月6日〕
七虎隊由美國返回台北，當天剛好下雨，救國團主任蔣經國特別冒雨前來
機場迎接，替輸了球的七虎隊隊員打氣。（潘月康攝）

失敗後的安慰
〔1970年（民國59年）9月13日〕
七虎隊回到高雄，雖然沒有獲得世
界少棒冠軍，但是高雄地方鄉親仍
給予熱情的歡迎。（薛湧攝）

115

楊金虎與高雄鄉親的打氣

〔1970年（民國59年）9月13日〕

高雄市長楊金虎（右）在高雄火車站
迎接返鄉的七虎少棒球員，車站外已
擠滿了熱情的高雄市民。（薛湧攝）

棒隊一樣迎接他們，絕不會冷落了七虎小將。

　　七虎少棒隊回國時的歡迎場面，熱烈與否，雖然對七虎隊球員們或多或少在心理上有所影響，但它總是短暫的，其實，對於七虎隊員將來求學升國中的問題，才是目前國人最為關切的。

　　去年，金龍少棒隊的球員，除了余宏開在華興小學，其他十三名球員都安頓在華興中學讀書，他們能夠朝夕在一起生活，一起練球，令人十分羨慕。

　　如今，七虎少棒隊未能奪魁，是否他們也同樣享有金龍少棒隊的待遇，截至目前，尚未作最後決定。

　　關心七虎隊少棒隊的人士一致認為，七虎隊雖然沒有達成國人「衛冕成功」的願望，但是，他們的表現已經博得國內外人士同聲讚譽，的確他們也盡了最大的努力。為了表揚七虎小將，為了啟發繼往開來的我國少年棒球運動，應該為七虎少棒球員升學問題，做一個妥善的安排。

　　希望七虎少棒隊集中在一所學校唸書的最大理由是，七虎隊能夠繼續在一起練球，對於發展我國棒運，

必有莫大的幫助。

　　金龍隊進入華興中學後，他們仍舊不斷的訓練，如果七虎隊今年也能集中在一所學校，他們也繼續訓練時，將來國中的少年棒球水準一定能夠提高，如此類推，一年產生一個國中勁旅，幾年後，無形中高中、進而大學的棒球風氣與水準，必然隨著發展起來。

　　七虎隊集中在一所國中另有一個好處是，將來七虎、金龍可以組一個青少年棒球隊進軍美國。

　　現在，美國也有青少年（初級）棒球聯盟組織，它是年齡在十三到十五歲的棒球賽，這種青少年棒球賽在美國也很受到重視，假使，我國加入該聯盟組織的話，屆時以七虎、金龍的聯軍遠征美國，相信一定能有另一番表現，再度為國爭光。

　　報載，教育廳將安排七虎隊員升學問題，原則上希望把他們分散在各校，以便對各校的棒球運動發生「種子」的影響力量。教育廳的這種措施，有其獨特性，不過，如果把他們分散在各校，今後這些七虎球員是否還能夠繼續訓練棒球，值得慎重的考慮。

　　因為，他們分散在各個國中，而有些國中沒辦法組成一支棒球隊，或者該校對棒球運動不能積極的提倡，豈非無形中埋沒了人才？所以，對將來七虎球員升學問題，有關當局勢必慎重的考慮。

　　集多數人士的意見，認為七虎隊還是應該集中在一所國中較為理想。因為，七虎隊同在一所國中唸書，起碼他們能夠在一起練球，有了七虎隊，去年金龍少棒隊也會認真的練球，因為，將來一旦有全國性、或區域性的國中組棒球賽的時候，七虎、金龍「兩強」相遇必有一番激戰，如此必能刺激下一代棒

運的發展。

　　儘管七虎隊輸球，台灣社會充斥著檢討之聲，其中也不乏指責，但大抵上各地球迷仍表現了寬容嘉勉的態度。七虎隊到各地方訪問，仍舊吸引大批的球迷。為了表示嘉勉之意，蔣中正總統和宋美齡夫人仍接見七虎隊，以下為《中央社》有關新聞稿：【中央社台北九日電】蔣總統今天勉勵七虎、金龍兩個棒球隊的小球員們，繼續努力學習，吸取新的棒球技術，

在世界體壇上，為國爭光。

　　總統伉儷今天下午在陽明山中山樓，接見了中華七虎少年棒球隊，和台中金龍少年棒球隊的領隊、教練、隊員和他們的家長等八十二人，並以茶點招待。

　　總統和夫人，於下午四時四十三分，步入聚滿掌聲的會場，孩子們墊起腳跟，伸長頸子，目迎著他們心目中最偉大的領袖和夫人，由他們的前面緩緩地走過，他們說：總統和夫人

雨中的戰敗歸途
〔1970年（民國59年）9月6日〕
七虎隊返台時，剛好碰上傾盆大雨，
球員被淋得如落湯雞。（潘月康攝）

都好健康，都好慈祥，「我們都愛他們，更崇敬他們。」

在四十分鐘茶會中，小隊員們獲得了一個珍貴的啓示：總統告訴他們，沒有失敗，是不會成功的。總統很親切地對七虎少棒隊的小國手說：「你們雖然在今年世界少年棒球錦標賽中，以二比三的比數輸給了尼加拉瓜隊，但是在我的心裡，你們並沒有失敗。」總統鼓勵孩子們都不要氣餒。

總統指出，一個人無論做什麼事情，在走向成功的途中，一定要經過失敗，經過失敗贏取的勝利，才能真正體會勝利的珍貴和價值。總統說，如果七虎少棒隊每次出戰，都像對日本和歌山少棒隊的戰績十二比零，獲得全勝，這種連續的勝利，可能只會導致小朋友的驕傲，這種驕傲，就是失敗。

在舖著鮮紅地毯的會場裡，孩子們沉浸在總統和夫人的慈暉裡，接受了撫慰和鼓勵。

1971

巨人隊的勝利提高了棒球界的信心
決定繼續往世界青少棒賽進軍

熱烈願望。一年的時間正足以養精蓄銳，重新出發。

在全國少棒賽中，巨人隊險勝金龍隊贏得代表權，
這是南區球隊二度擊敗中區球隊，奠定了南區隊伍長期優勢的局面。

由於記取去年七虎隊挫敗的教訓，
今年巨人隊的每一場比賽都抱著戒慎警惕的心理，在遠東區的預賽中，
巨人隊步步為營，令一心重振日本少棒雄風的教練鈴木秀俊感嘆不已。

在威廉波特的世界賽中，巨人隊輕騎過關，
在冠軍爭奪戰中，碰上來自美北的蓋瑞隊，
該隊有一名身材高大、強投強打的超級選手麥克林登。

此役鏖戰九局，費時三小時，是台灣少棒史的經典之作，
巨人隊終於重登世界冠軍寶座，
投手許金木（綽號二齒）的大名也成為少棒史的標誌。

台灣社會則從去年失敗的壓抑中重嚐勝利的滋味，街頭巷尾燃放著鞭炮，
彷彿民族大業有成，巨人隊的勝利提高了台灣棒球界的信心，
決定繼續往世界青少棒賽進軍。

台灣第一支鋁棒
〔1971年（民國60年）4月19日〕

全國棒球委員會理事長由美國返回台北，帶回新式鋁製球棒，這是台灣第一支鋁球棒，
不同於過去的木製球棒，鋁球棒不會折斷，而且擊球時會產生清脆的聲音。

全國少棒賽首場比賽
扣人心弦，結果巨人以0比0
和金龍打成平手

全國少棒賽首場比賽十分扣人心弦，結果巨人以0比0和金龍打成平手，其中巨人隊投手徐生明和金龍隊投手劉宗富發揮高超的球技，成了一場罕見的投手戰。前四局，兩隊的強打連續遭到三振。到了第五局，巨人隊在兩支安打後攻佔三壘，涂忠男再冒險搶攻本壘被刺殺。金龍隊方面，18次打擊中，沒有安打、沒有站上壘包，較巨人隊的兩支安打略爲遜色。金龍隊的投手劉宗富的球路以外角球、曲球爲主，帶有強勁的尾勁。巨人隊投手徐生明以內角球居多，凌厲之處在於曲墜球幅度大、球速快、變化多，使金龍隊連連揮棒落空。由於賽前，徐生明的實力不太爲人所知，故這一場表現令人刮目相看。

徐生明啼聲初試

〔1971年（民國60年）6月9日〕

全國少棒賽首場巨人對金龍，結果巨人隊投手徐生明投出個人完全比賽，一鳴驚人。（黃國俊攝）

1.趕工的台北球場

〔1971年（民國60年）6月20日〕

台北市立棒球場改建整修，以迎接今年遠東區少棒賽在台灣舉行。（陳漢中攝）

2.雨後的比賽

〔1971年（民國60年）6月6日〕

民國60年度全國少棒賽暨中華少棒代表隊選拔賽，在台南市棒球場舉行，開幕典禮適逢雨後，鼓樂隊站在一處積水的窪地前。（黃國俊攝）

繼去年七虎隊在威廉波特鎩羽而歸，今年少棒隊伍帶著復仇雪恥、重振江山的重責大任

繼去年七虎隊在威廉波特鎩羽而歸，今年少棒隊伍帶著復仇雪恥、重振江山的重責大任。少棒成了全國性的運動，象徵著榮耀和利益，也是街頭巷尾爭論的話題。今年的全國少棒賽由6月6日開始，至6月16日結束，共有巨人、金龍、小鷹、神鷹、銀龍、金門、朝陽、光陽等九支隊伍參加，較去年多了五支隊伍，觀眾更加熱情，幾乎場場爆滿。巨人和金龍兩支隊伍被視為最具冠軍相，其中巨人隊來自台南市，隊中主力投手許金木去年打七虎隊，是盧瑞圖之後的二號當家投手，今年則升為巨人隊的當家投手。金龍隊去年輸給七虎隊以後，今年捲土重來，試圖重建金龍的金字招牌，大抵上仍然是中區與南區爭冠的情形。

1

2

巨人贏了

〔1971年（民國60年）6月20日〕

巨人隊擊敗金龍隊獲得冠軍暨中華少棒代表
權，球員高興地笑成一團。（黃國俊攝）

1.日本調布隊來台

〔1971年（民國60年）7月26日〕日本調布隊飛抵台北，這支球隊被視為與中華巨人隊爭奪本屆遠東少棒盟主的熱門隊伍。（陳永魁攝）

2.遠東區少棒賽開打

〔1971年（民國60年）7月29日〕遠東區少棒賽於台北市棒球場揭幕，由童子軍舉著會旗入場。（陳漢中攝）

3.中華少棒隊員宣讀誓詞

〔1971年（民國60年）7月29日〕遠東區少棒賽開幕式中，由中華隊隊員代表宣讀誓詞。（陳漢中攝）

遠東區少棒賽
台灣首次舉辦正式的國際比賽

本屆遠東區少棒賽是台灣首次舉辦正式的國際比賽,從三年前,台灣少棒才開始募捐購置硬式棒球裝備以來,這項運動發展十分迅速,短短三年已超越亞洲的棒球盟主日本,因此舉辦遠東區少棒賽亦是對台灣少棒地位的確立。這一屆比賽共有中華、日本、菲律賓、關島等四支球隊與賽,其中巨人隊和日本調布隊被視為最強的兩支隊伍。日本和歌山隊去年以0比12敗於中華七虎隊之後,視為恥辱,今年整軍重來,調布隊可謂有備而來,其中調布隊的當家投手井熊兒身材高大,威力不凡,是日本隊藉以奪魁的王牌投手。不過滿懷自信的巨人隊投手徐生明說要好好「修理」井熊。在賽程上,主辦單位刻意將巨人隊對調布隊安排在最後一場,作為冠軍爭奪戰。《聯合報》黑白集以「勝利、光榮」為題,簡述這一次主辦遠東區少棒賽的意義以及有關球迷熱烈反應的報導:

3

　　遠東區少年棒球大賽，今天在台北市隆重揭幕。這是我國主辦此項比賽的首次，我們不僅希望我國巨人隊贏得勝利，三度掌握遠東區的代表權，而且更希望我國少棒界贏得光榮，辦好這次的少棒大賽。

　　少棒是我國近年來最為盛行，也最為突出的一項運動。前年金龍隊首開紀錄，贏得世界冠軍；去年七虎隊再度揚威，重掌遠東霸權。俱見我國少棒球藝，已達於巔峰的水準。而今年，我國更由夙有「少棒王國」之稱的日本手中，接過棒來，主辦本屆遠東區少棒大賽，其意義之重大，當不言而喻。

　　但據各報報導，此次少棒大賽的主辦單位，雖然籌備工作做得很好，而在服務接待工作上，仍有欠周全的情事，致使在陽明山選手村裡的少棒選手們有吃不飽、睡不好的情形。如果這項報導屬實，則我國作為地主國，應立即改善。且據說，這並非由於經費不足，而是由於人謀不臧；因此，我們似乎更有理由對主辦單位作求全之責備。

　　贏得這次少棒大賽，是我們國家的勝利；辦好這次少棒大賽，是我們國家的光榮。願巨人隊努力爭取勝利！願少棒界努力爭取光榮！

球迷漏夜排隊買票

　　【本報訊】百餘名球迷昨（廿八）日晚間十一時，就在中華體育館前排隊守候，準備今天上午九時太平洋區少棒賽開始售票時，可順利買到票。

　　警方預料：午夜後將會陸續有大批球迷湧到，正加派警力維持秩序。

　　這些球迷都在內野卅元券的售票口前排隊。他們帶著草蓆、毛毯和報紙等墊在地上，或坐或臥；有的連雨傘和象棋都帶來了，四、五個人席地而坐，下起象棋，完全是一副準備「長期抗戰」的模樣。

　　中華少棒聯盟昨晚獲得消息，特地運來一大瓶蒸餾水，放在售票口，讓這些熱心的球迷口渴時不致找不著水喝。

　　這些球迷從昨晚九點左右就陸續湧到售票口前，沿著售票口拉起三道尼龍繩，使球迷們的隊伍不致混亂。

　　到今晨零時止，外野券的售票口還沒有人排隊，據排隊的球迷說，外野區視線不好，看不清楚，他們都想買到內野券。

密密麻麻的觀眾
〔1971年（民國60年）7月29日〕巨人隊與調布隊的冠軍爭奪戰一役，看台上密密麻麻的觀眾，反映台灣少棒熱潮的高峰。（馮國鏘攝）

管區的市警松山分局除了派出制
服刑警外，還派出便衣刑警，防止球
票黃牛控制售票口，使真正的球迷買
不到票。

有些來買票的球迷是獨自來的，
他們坐在地上，眼睛卻望著對面的市
立棒球場。這些球迷們說，今天他們
坐在球場中的情景。距離他們心盪神
馳的時刻，從午夜算起，至少還有十
二小時，但是能買到球票，等上十二
小時又算得了什麼。

【本報訊】遠東區少棒賽第一天
比賽的門票，將於本日上午九時起，
在市立棒球場附近的中華體育館開始
出售。

大會票務組說，門票分三種：(1)
內野普通票，卅元券有三千張，(2)外
野普通票，十五元券有二千張，(3)外
野軍警學生票，十元券有一千張，以
上六千張售完為止。

凡購買球票，大會將免費贈送比
賽特刊一冊。

巨人擊敗調布
〔1971年（民國60年）8月1日〕
巨人隊對調布隊一役中，四棒沈清文擊出一支兩分
的全壘打，終場巨人隊以5A比0擊敗調布隊，獲得
遠東區少棒冠軍。（馮國鏘攝）

中華巨人隊與日本調布隊
爭奪遠東區少棒冠軍
巨人隊以5A比0擊敗調布隊

在分別擊敗菲律賓和關島隊之後，中華巨人隊與日本調布隊於8月1日爭奪遠東區少棒冠軍，台北市立棒球場內座無虛席，嚴家淦副總統、蔣經國副行政院長親自前來觀賽，比賽激烈可期，最後巨人隊以5A比0擊敗調布隊。巨人隊此役以許金木為投手，予對手九次三振，阻遏調布隊的攻勢。戰局從三局下半巨人隊進攻時，逐漸進入高潮，首先由八棒葉志仙擊出一支一壘安打，九棒吳誠文再以一支犧牲短打護送葉志仙上二壘。接著輪到首棒李文瑞，日隊投手井熊犯規，踏上投手板後未投球而停下來，葉志仙輕易獲保送三壘。井熊為之心慌，再連投兩個壞球，以四壞球保送李文瑞上一壘，造成巨人隊一、三壘有人的情況。接著二棒李泉成犧牲短打，調布隊一壘手衝向前截球，以防止三壘上的葉志仙攻回本壘，然而，調布隊二壘手卻未及時跑到一壘接應，形成巨人隊的一支內野安打，巨人隊一出局滿壘。接著三棒許金木擊出二壘滾地球，調布隊二壘手心慌，接球後又掉下來，後又傳本壘暴投，使得葉志仙及李文瑞先後奔回本壘，首開紀錄得到兩分。後繼的沈清文再擊出中間高飛犧牲打，護送李泉成回本壘，五棒陳銘晃被封殺。這一局巨人隊以3比0拔頭籌。

扣人心弦的比賽
〔1971年（民國60年）7月29日〕
巨人隊對調布隊一戰，賽程扣人心弦，
十分精采。（馮國鏘攝）

PACIFIC REGION
1971
CHAMPIONS

殺。這一局巨人隊以3比0拔頭籌。

　第四局上半，調布隊在落後的情況下積極反攻，在無人出局的情況下造成滿壘，不過調布隊教練鈴木秀俊急於搶攻，未採犧牲打策略，以致後繼的兩名打者皆遭許金木三振，最後調布隊斧木由三壘衝回本壘遭刺殺，使得調布隊失去了最好的得分機會。到了第五局下半局，巨人隊沈清文在

二壞球之後，選中井熊投出的正中偏右的外角球大棒一揮，打出了本屆遠東區少棒賽最後一支全壘打，獲得兩分，終場以5A比0擊敗調布隊。

　賽後調布隊教練鈴木自承戰術運用有誤，他並稱許許金木有大將之

巨人奪得遠東冠軍
〔1971年（民國60年）7月29日〕巨人隊高舉遠東區少棒賽冠軍杯和錦旗。（馮國鏘攝）

風，並認為：「以目前的情況，日本少年棒球運動，顯然還落後一段。」賽後，《聯合報》黑白集以「孩子們的勝利」說明少棒運動提高了民族的自尊，頗反映了社會大眾的感受。此外，記者劉復興也撰文敘述比賽後的情況：

巨人隊贏得遠東區少棒代表權，對於這些小選手們來說，昨天真是讓他們永難忘懷的一天。

卅一日晚上，儘管巨人隊在九點就已入睡，但是仍有許多小選手忍不住，悄悄的談論即將到來的決定一戰。那種心情，摻雜著幾許緊張，也有幾許興奮。

昨天，當日本隊第六局最後一名打擊者被判出局後，小選手們忍不住，一個個跳起來，他們相互擁抱，他們相互祝福。

閉幕典禮時，小選手繞場一周，又繞場一周，拍照又拍照，終於他們回到選手休息室。陳銘晃的父親早就迫不及待的跟在孩子身後，問長問短；葉志仙更是一把被他母親摟住，拉到一旁，真不曉得如何表示安慰的情意。

從體育場出來，要登上遊覽車回選手村時，球迷夾道歡迎，每人都想衝上去，摸小選手一把，那怕沾沾衣角也行。許多家長想和孩子們同坐一部車子上選手村，但是車子擠不下，只好坐上另外幾部遊覽車。

車子開出後，前後不下十幾部遊覽車跟著走。這些車都是從台南和高屏一帶載著熱情的球迷，直開台北的。有幾部車與選手車並著開，球迷們不斷伸手向小選手們致意。

沿途，領隊林全興一直回過頭與投手許金木、教練方俊靈和經理蔡順全談論賽情。

林全興說第四局時，許金木連著四壞球送日本球員上壘，他們一度想把「金木」換下來，讓徐生明上去。

但是，許金木自己說「沒有問題！」只希望換捕手。原來他和涂忠男搭配慣了，他喜歡聽到他投出的球重重碰上捕手手套的聲音。這樣他才能越投越有勁。教練們果然把陳金鉛換下，讓涂忠男進場，局勢立刻便穩

「二齒」許金木

〔1971年（民國60年）8月2日〕

巨人隊獲冠軍的隔日在台北游泳偷閒，隊長許金木被兩位女球迷圍住合影。當時電視正在上演布袋戲《雲州大儒俠》，其中有諧星「二齒」的角色，許金木也因此獲得「二齒」的綽號。（陳永魁攝）

下來了。

車子經過南京東路、林森北路和中山北路時，路上的行人都揮手向他們歡呼；有些摩托車騎士更是騎著車，跟著選手專車走，直到跟不上才放棄。

葉志仙、吳智雄、吳誠文幾個選手坐在車子尾部，秘書鄧義雄望著成功擊出一支犧牲打的吳誠文說：「別人都以為我們短打不行，其實出戰關島時，我們不斷以短打出擊是一種策略，故意讓日本看到我們不擅短打，造成錯誤的印象。」

他說：「巨人隊的短打已有相當基礎，日本隊今天果然吃到巨人隊短打的苦頭。」

和巨人隊同車的日本調布隊，小選手們顯得有點落寞。

調布隊的中外野手斧木，把自己帽子脫下來讓巨人隊全體隊職員在帽上簽名留念。當帽子傳到葉志仙手上時，斧木豎起大姆指，表示葉志仙不

但三壘守得好，還是第一個擊出安打的好球員。

調布隊長井上明生在車上謹慎的捧著一杯子土。這些土是他們在棒球場裝的，準備帶返日本作紀念。

車子開始上山了，林全興當指揮，全體選手齊聲唱「珍重再見」。

鄧義雄望著小選手身上穿的球衣，用憐惜的口吻說：「這套球衣已穿了四天了，因為穿這套球衣贏了球，大家都說這套是勝利球衣，不願意換下，壞了運氣。」三場比賽都穿這一套球衣，上面已沾滿了小孩子的汗水和泥漬。

從選手們住進選手村後，擔任服務工作的童子軍們，更被小選手圍住，要求他們把童軍領巾和制服上的童軍扣子送給他們作紀念。

巨人隊回到選手村匆匆洗澡更衣趕到陽明山中國大飯店參加惜別宴。

昨天晚上，選手村裡一定會有很多小選手失眠。窗外的夜色依舊，小

選手們則彷彿突然長大了許多。

世界少棒賽遠東區選拔賽，我巨人隊昨日以5A比0的戰績擊敗日本調布隊而獲得冠軍。在棒球場觀看比賽的觀眾，固然為之歡呼雀躍，守在電視機和收音機旁的全國軍民，也同樣的為之萬分欣慰。大家的心情都非常愉快而驕傲。這一心情不只是因為巨人小將們有此優越表現而起，更是因為這是國家民族的優越表現。雖然，少棒是孩子們的運動，但下一代如此可愛、如此出色、如此爭氣，也就使我們這些飽受「弱國」委屈的大人們，覺得有無限的補償、安慰和希望。

我少棒隊的三「年」連中遠東區冠軍和一度奪得世界少棒冠軍，證明了中華民族的優秀，說明了我們中華兒女，絕不輸於外人，過去所以為人譏為「東亞病夫」，諷為「落後民族」，實在是我們自己的典章制度把自己變為「病夫」，絆住自己的腳步而為「落後」，以小學教育為例，自從 總統指令政府實施九年國民教育，消除了小學的惡補，使下一代的幼苗在苗床中獲得良好的培養以後，學童們的體格與發育便有立竿見影的良好效果，少棒運動有今日的輝煌成就，可以說就是小學教育制度改革的成果。

由孩子們的勝利看典章制度政策的功效，然則，我們這些大人們的革新運動，又豈止於小學教育一端而已哉！

調布隊閒逛台北

〔1971年（民國60年）8月2日〕日
本調布隊返國前閒逛台北街頭鬧
區。（陳漢中攝）

赴美前的集訓
〔1971年（民國60年）8月6日〕
巨人隊集訓期間，教練方俊靈示範打擊動作。（陳漢中攝）

巨人隊集訓日記

以下為《聯合報》上的巨人隊集訓花絮：

巨人隊集訓日記　八月六日

⊙巨人少棒隊開始他們進軍世界少棒體壇的賽前集訓，小將們個個精神抖擻，大家一致表示，他們此番集訓要加倍練習，一定要奪得世界少棒冠軍的榮銜，以報國人對他們的厚愛。

⊙教練方俊靈表示，此次集訓，他們要徹底訓練左投手的打擊，另外在跑壘的速度上，及短打、犧牲打的訓練上也要加強。在投手方面，巨人隊也要多練習一些變化球，希望許金木等五位投手，都能將球投得出神入化。

⊙此次巨人隊在「清華園」集訓，上午仍不練球，自早上八時卅分至十一時卅分，大家都在清大物理館上課，課目是：常識、生活規範、英文、唱遊。下午二時至五時練球。昨天下午由於新竹下了一點小雨，小將們只在球場中做了體能訓練。

1&2.新竹的操練
〔1971年（民國60年）8月6日〕
巨人隊赴美之前，在新竹做最後的集訓。（陳漢中攝）

3.再次遠征美國
〔1971年（民國60年）8月17日〕
巨人隊赴美爭奪世界少棒賽冠軍，一雪去年七虎隊兵敗之恥，臨行前，全隊在登機梯上向歡送的人群揮手致意。（馮國鏘攝）

⊙「蓋仙」魏景林，經過幾場遠東少棒大賽後，好像成熟了許多，遇人總是笑著深深鞠躬問好。昨天，有位少女看到他的微笑時，嚇得滿臉緋紅，趕緊拉著她身旁的女伴說：「快走，小心被『蓋』！」

⊙沈清文、林文崇、許金木中午吃飯前，抽空在「清華園」的成功湖中划了一次船，玩得十分開心，李文瑞則在湖邊拿著一根樹枝向水中亂撈。

⊙清大的女職員們，利用小將們下課的時間，紛紛趕往教室門口去瞻仰他們的丰采，並在教室中與他們合影留念。

⊙經理蔡順全，對小朋友們照顧備至，每遇小選手們情緒不穩定時，他總是設法講些笑話轉移他們的思緒。據說，此一法寶非常有效，秘書鄧義雄非常欣賞。

⊙國防部要送巨人小將每人一套球衣，派遣專人來為小國手量身體，大家聽了都高興得大跳起來。（本報記者石建華）

巨人少棒隊搭機赴美
全體隊員均著乳白色西裝上衣
藍色的西裝褲、紅領帶
容光煥發、精神飽滿

中華巨人少棒隊於8月17日搭機赴美，全體隊員均著乳白色西裝上衣，藍色的西裝褲、紅領帶，容光煥發、精神飽滿。全體隊職員名單如下：領隊林全興、經理蔡順全、秘書鄧義雄、教練方俊靈、隊長許金木，隊員：徐生明、沈清文、吳誠文、李文瑞、林文崇、李泉成、李居明、葉志仙、魏景林、陳銘晃、涂忠男、陳金鉛、吳智雄。前往機場送行的有張寶樹、張書文、林錫山、鄭森棨、郝更生、林鳳麟、齊劍洪、齊沛霖等黨政軍人士。此外，球員的家屬以及來自台南的巨人隊後援會，場面十分熱鬧。《聯合報》記者張昭雄撰文爲巨人隊行前談兵：

3

十四位少棒小國手，昨日帶著堅強的信心離開國門。但，四名職員卻因此行責任重大，顯得心情沉重，特別是教練方俊靈。

方教練在臨別前，希望記者轉告國人，他將盡最大的努力去促成巨人少棒隊奪得最高榮譽。

這位瘦小而皮膚黝黑的教練，在行前還不時提到未來比賽的可能變化。他最擔心的是，球員飲食不習慣，或是賽前生病。

除此之外，方教練對巨人隊的打擊與防守方面的作戰又有一些補充。

他認爲，目前巨人隊最佳防守陣容是投手許金木、捕手涂忠男、一壘手李泉成、二壘手李居明、三壘手葉志仙、游擊手吳誠文、左野沈清文、中堅李文瑞、右野陳銘晃。

但是，在這個陣容有少許缺點，如涂忠男的打擊稍弱，李泉成的防守容易失誤。

如果，涂忠男由陳金鉛來接替，李泉成由林文崇來接替的話，這個陣容將是一支攻優於守的隊伍，可是，方教練認為，陳金鉛的接球、反應、默契等方面都不如涂忠男，而林文崇的手臂受傷未癒，不得不以涂忠男與李泉成為主。

方教練覺得魏景林的打擊力很強，可惜，由於魏景林是守外野，不會守內野，而外野手的陳銘晃、李文瑞、沈清文都是近況最佳的球員，所以忍痛使魏景林坐冷板凳。

為能夠讓巨人隊在每場比賽「先馳得點」，方教練可能在將來的比賽中，先派陳金鉛下場擔任捕手，讓陳金鉛輪到一次打擊後，再換涂忠男上場壓陣。這種構想的目的，是希望巨人隊在前兩局能夠得分。

方教練說，少棒比賽只有六局，如果在前三局未能得分，愈到接近第六局，球員們愈緊張，就很難發揮應有的水準。

所以，方教練的整盤構想是，儘量先使打擊優異的選手上場，以先得分為目標制敵。

目前十四名小國手的打擊，以吳誠文、許金木、李居明、李文瑞、沈清文、陳銘晃等水準較高，林文崇、魏景林、李泉成、葉志仙也不可忽視，可是，林文崇抱病，魏景林不易上場，李泉成與葉志仙的演出不穩定，所以在安排打擊上，頗為頭痛。

在遠東區少棒賽中，葉志仙與李泉成在調布之役有意外的超水準演出，使方教練增添不少信心。

巨人打擊順序，雖然無法在目前確定，但是，根據方教練的構想，二至六棒的最適當人選將不出李文瑞、許金木、沈清文、陳銘晃這幾個人。

方教練最後表示，構想是一種假設，也許臨時有所變更，但是，其變動的幅度相信不會很大。

他認為未來這三場比賽場場重要，因為是淘汰制，任何一場失敗，都會造成與冠軍絕緣的局面。

許金木與麥克林登
1971年。中華隊與北美隊進行冠軍決賽前，中華隊投手許金木與美北隊投手麥克林登先禮後兵。（中時資訊中心）

台灣少棒史上最著名的一戰

教練指揮若定，調度有方，終於力挫勁敵，贏得冠軍重登世界少棒王座

1971年（民國60年）的世界少棒賽是台灣少棒史上輝煌的一刻，巨人隊每一場比賽，台灣幾乎家家戶戶不眠觀戰。第一場比賽巨人隊以7A比0擊敗波多黎各隊，接著又以11比0擊敗美西夏威夷隊。巨人隊在決戰碰上的是美北蓋瑞隊，比賽於台北時間8月29日凌晨二時開始舉行，這一場比賽是台灣少棒史上最著名的一戰，牽

動了全台灣的心，過程激烈，緊張之處幾乎令人窒息。美北蓋瑞隊來勢洶洶，它是一支完全由黑人子弟組成的隊伍，主力投手麥克林登身高五呎八吋，是一名超級選手。在前兩場比賽中，麥林登上場打擊六次，擊出四支全壘打，其他兩次被保送上壘，打擊率百分之百，打破了世界少棒賽的紀錄。美北蓋瑞隊雖然擁有麥克林登這

位超級選手，但其他球員的素質則相去甚遠，為一項弱點。此外麥克林登投球情況不穩，暴投很多，也是另一缺點。這一場比賽，中視公司和美國廣播公司分別向台灣以及全美國進行現場實況轉播。《聯合報》有關巨人隊家鄉於賽前的景況：

【台南訊】台南市球迷，昨（二十七）晨為爭睹中華巨人少棒隊和美國夏威夷隊的比賽，徹夜不眠，萬家燈火，整個市區成為不夜城。

擔任投手的吳誠文的父親吳英語，在賽前獲悉他兒子擔任投手之後，昨天特別把親戚朋友邀到家裡看電視，許金木的父親許皆得也被邀請。

球賽二點鐘開始，台南市街頭，看不到行駛的車輛，也看不到行人。涂忠男的家人沒有二十五日那天那樣緊張，因為他的兒子沒上場，心情上要輕鬆多了，但巨人隊每進一分，全家為之高興不已。

小胖子陳銘晃的父親陳福來克制緊張的方法，是把上身衣服剝光吹電扇，他說這樣可減輕心理負擔。陳福來對二十五日兒子未被列入正式名

單，心裡還是不高興。

林文崇的母親看球賽是表面安靜心裡急，她說兒子出不出場無所謂，她祈禱巨人隊能連戰皆捷。

【高雄訊】中華巨人少年棒球隊在角逐世界少棒比賽中，再度取勝美國西區隊，高雄市棒球迷為市籍的兩名選手陳金鉛與吳智雄，都能為此仗出力，且有優異表現而感欣慰。

陳金鉛的父親陳有祝,是退休的棒球捕手,昨日凌晨從電視轉播中,看到承受衣缽的陳金鉛表現出色,甚為欣慰,尤其對於他打擊時的選球,更感滿意。

吳智雄的父親吳再來,對於智雄的表現也感到高興,但感到美中不足的,是他出場效力的機會太少了。

【美濃訊】中華少棒巨人隊,遠

在美國連戰皆捷,徐生明的家中及附近東門里民,更是關懷,他們對徐生明的未被重用,頗感遺憾,好像未能為美濃揚眉吐氣。

首戰初捷

1971年巨人隊在世界少棒賽中,首場以7A比0擊敗波多黎各隊後,在威廉波特球場外野草坪上留影。(冷若水攝)

1.最後的勝利

1971年巨人隊對美北印地安那—蓋瑞隊的冠軍爭奪戰中，共鏖戰九局，費時三小時，終場巨人隊以12比3榮獲冠軍，圖為中國電視公司的轉播螢幕。（陳永魁攝）

1971年世界少棒冠軍賽在台北時間29日凌晨2時舉行，觀眾約達三萬人，其中二萬人是中國人，這是世界少棒25年來觀眾最多的一次，由中華巨人隊與美北隊印地安那蓋瑞隊對決。這場比賽也是中華棒球史上的經典之作。中華隊投手許金木和美北隊的投手麥克林登則是此經典之作的靈魂人物。

第一局下半，美北隊首棒畢斯莫擊出一壘前滾地球，一壘手林文崇失誤，畢斯莫攻上一壘。二棒貝斯摩在兩好三壞球之後，被許金木投出一壞球保送上壘。三棒麥克林登一上場，第一球就大棒一揮，擊出全壘打，一口氣拿下三分，技驚全場，也令巨人隊震驚，並迫使巨人隊教練方俊靈叫暫停，為許金木打氣。隨後美北的攻勢中，一個被封殺，另二個被三振而結束一局下半。

接著巨人隊在麥克林登的快速下墜球下連連遭到三振，欲攻乏力；另一方面，巨人隊投手許金木也發揮投手的威力，以三振封住美北的攻勢。戰局拖到了三局上半，七棒林文崇首攻，獲四壞球保送上一壘，八棒涂忠男以犧牲短打護送林文崇上二壘，後繼的李居明遭三振，二出局。輪回首棒陳銘晃出擊時，麥林登連續兩次暴投，林文崇跑到本壘獲一分，巨人扳回一城。第四局上半，由四棒許金木打擊，在兩好球之下揮出一支二壘安打，五棒由吳智雄代沈清文打擊，兩好兩壞時擊成游擊區滾地球，游擊手傳一壘時暴投，許金木進三壘。吳智雄上一壘時，亨德森撞到他，妨害跑壘，裁判判吳智雄保送上二壘。接下來六棒吳誠文、七棒林文崇連遭三振。眼見就要形成殘壘時，由八棒涂忠男打擊，麥克林登第一球就投出暴

投，讓許金木衝回本壘，捕手畢斯莫撿球心慌，傳給補上本壘位置的麥克林登時竟也暴投，吳智雄再跑回本壘，造成3比3平手的局面。

　　如此兩隊打到第六局下半，仍以3比3平手，比賽只好往下延，一直打到第八局下半局，戰況仍然僵持不下。第九局上半巨人隊終於有所突破，代打的吳智雄不負眾望，打出一支強勁安打，接著輪到六棒吳誠文打擊時，麥克林登兩次嚴重的暴投，吳智雄由一壘奔上三壘。吳誠文接著擊出短打，麥克林登接球後猶豫不決，吳誠文順利上了一壘。接著七棒李泉成擊出貼一壘滾地安打，吳智雄奔回本壘獲得寶貴的一分。此時一、二壘有人，輪到八棒涂忠男上場，麥克林登再暴投，造成二、三壘有人，麥林登又四壞球，無人出局，巨人隊滿壘。九棒李居明上場，麥克林登暴投，吳誠文再得一分。此時麥克林登走回休息室，哭起來，美北隊只好換上左投斯蒂爾，投手威力遠不如麥克林登，戰績一瀉千里，被巨人隊打成9比3，美北隊再換第三名投手，最後才以12比3收場。第九局美北隊三上三下，比賽結束。

2.凱旋樂歸
〔1971年（民國60年）9月11日〕中華巨人隊榮獲世界少棒冠軍，凱旋歸來，每一位小球員分乘一輛吉普車，由松山機場出發遊行市區。
（陳漢中攝）

這場比賽一共花了三個小時，少棒聯盟特別請了特別來賓諧星鮑伯霍卜、太空人穆利格雷以及職業足球明星拉許，這三位特別來賓在少年時代都曾參與少棒聯盟的比賽。而從美國各地趕赴威廉波特的華僑和留學生，從清晨六時就已開車出發。辛辛納提的一批華僑，坐了十二個小時的車，早上七時就趕到了球場，大家開始搶座位。中華民國駐美大使館本來安排三輛巴士，供華盛頓的華僑前往威廉波特看球賽，但因人數太多，結果增加到六部。紐約趕往威廉波特的華僑更多，總共坐了十輛巴士。巨人隊贏得勝利後，在場加油的華僑欣喜若狂。台灣社會更是喜氣洋洋，街頭巷尾燃放鞭炮，有如歡度節慶一般。

《聯合報》黑白集和記者施克敏的特稿，反映了比賽現場及社會意見：

中華民國巨人少年棒球隊，始而代表中華民國贏得遠東地區代表權；繼而代表遠東地區參加美國威廉波特第二十五屆世界少棒錦標大賽，本月二十五日在第一場比賽中，便是旗開得勝，先聲奪人，以七A比○的輝煌戰果，擊敗了代表拉丁美洲的波多黎各隊而贏得了初賽。本月二十七日在第二場比賽中，更是再接再厲，大顯神威，以十一比○的驚人成績，擊敗了代表美國西區的夏威夷瓦希瓦隊，而贏得了複賽。昨日和代表美國北區的蓋瑞隊作最後的決賽，由於小國手們球藝精湛，合作無間，教練的指揮若定，調度有方，終於力挫勁敵，贏得本屆大賽冠軍而重登世界少棒王座，捷報傳來，令人為之欣喜不已！

自從前年中華民國金龍少年棒球隊一戰而贏得遠東地區代表權，再戰而榮獲世界少棒冠軍，我國在世界少年棒壇上一躍而雄踞王座，使國際人士莫不對我刮目相看，公認我中華民國具有深厚的潛力與優異的新血。去年七虎隊雖在威廉波特未能衛冕成功，但仍為遠東少棒盟主。而今年，巨人隊再度榮獲世界少棒錦標，這正顯示我們國家的未來，在青少年手中，將是前程似錦，在此，我們不僅為巨人隊道賀，同時也為國家道賀！

勝利的滋味
〔1971年（民國60年）9月11日〕巨人隊凱旋車隊穿越台北市區，萬人空巷。（馮國鏘攝）

萬民同歡
〔1971年（民國60年）9月11日〕
站上車廂上觀看巨人隊凱旋遊行的市民，充滿著欣悅和興奮之情。

廿八日深夜，威廉波特少棒選手村的巨人隊營舍仍然燈光通明。儘管這時早已超過平常睡覺的時間，小選手們仍在盡情的歡樂、笑鬧。因為他們贏得了世界冠軍，而且贏得那麼艱難。

巨人隊獲勝後，所有選手的心情都整個放鬆了。教練、管理笑得合不攏嘴，讓所有小選手玩。大批的留學生和華僑逗留在巨人隊營舍附近，送各式各樣吃的東西給小選手們。

到了晚上十時左右，小選手們仍然興奮的在交談比賽時的種種，他們自己舉行了一個晚會。李文瑞引吭高歌，林文崇展露舞技，直鬧到十二點多才睡覺。

小選手們躺在床上，卻興奮得闔不上眼。剛開始時彼此還輕聲談話，然後聲音越變越小，逐漸成為均勻的呼吸聲。

總統府前的盛會
〔1971年（民國60年）9月11日〕
巨人隊車隊穿過總統府前，被大批的球迷們包圍住。
（陳永魁攝）

廿九日早晨八時，其他參加世界少棒的七隊選手都已到了選手村餐廳進早餐，巨人隊的小選手因為遲睡的關係，還沒完全起床。

教練方俊靈把每個球員叫醒，他們打著呵欠，揉著眼睛，開始了他們新的一天。

經過這一個晚上，巨人隊獲勝後的浪潮，似乎還沖擊著每個小選手。這些孩子們的話題除了談比賽外，還談到他們的家、他們的將來。下面就是十四名巨人隊小選手的談話：

許金木：這場球實在是對方捕手太差，送我們贏球。如果說我們要發這場比賽的「最佳功勞獎」，得獎的應是美北隊的捕手畢斯莫。

「最遺憾的是，我第一局失手讓麥克林登打出全壘打，好在以後我就越投越好。到第六局雙方平手延長時，我就充滿勝利的信心，即使比賽延到九局以後，要更換投手，還有徐生明可主投，我們也一定會贏！」

許金木提到第一局麥克林登打擊的事，他說當時教練指示他投四壞球讓麥克林登上壘，但是要捕手不要站出來，結果他沒用勁投出一支稍高的

壞球，卻讓麥克林登跨步揮成全壘打。

李文瑞：「第一天我打出一支全壘打，但昨天這場比賽卻沒能打出，真遺憾！

昨天，我三次上去打擊，有一支一壘安打和一次三振，是三場中表現最差的一場。」

李文瑞指出對方投手麥克林登的球很難打，球速簡直和大人投的球差不多。

李泉成：「這場比賽讓我最感安慰，同時可告慰父老兄弟的是，第九局在麥克林登主投時，我擊出安打，讓吳智雄得了一分，也使我們開始以四比三領先。

比賽時，我在選手休息室聽到看台上的中國留學生說，糟糕，我們打不到他們投手的球，心裡很難受。結果我第一次上場打擊，就打出安打，讓我高興極了。」

沈清文：「昨天我被三振兩次，心裡很不舒服。」

沈清文廿八日晚上在大家鬧的時候，顯得很不自在，他睡得很晚，廿九日起床時，沒吃早點。

陳銘晃：「昨天比賽贏了後，教練告訴我，今後我可以打乒乓了，他不再管我了。」

說起這段話，小胖子感到很不好意思，全隊裡只有他是方教練的學生。第一天比賽時，因為他成天在選手村裡打乒乓，心玩野了，所以沒排他上場，他曾經哭著向教練道歉。

「從那時起，我比賽前再也不去打乒乓了！這對我是一次很好的教訓。」陳銘晃說。

葉志仙：「昨天我從第八棒調到第二棒，感到責任很重。教練和管理都認為我是全隊裡最會選球的一個，所以調我打二棒，我的表現也沒讓他們失望。昨天我上場打擊，都沒有被三振過。」

葉志仙是台南縣玉井國小的學生，他們學校過去有過「鐵捕」蔡松輝參加前年的世界少棒賽。葉志仙的父親和蔡松輝的父親都在玉井糖廠工作，所以這兩名小選手很久以前就彼

此認識了。

「我希望我爸爸告訴蔡松輝的爸爸，說不定以後我也到華興中學去唸書，那麼我們就是同學了。」

徐生明：「來到威廉波特後，我始終沒有被排上場，心裡很遺憾。現在我們已連勝三場，順利贏得冠軍，即使我不上場，沒盡到力，也很高興。

如果投手換到我上場時，就表示領隊認為局勢嚴重了。幸好這個情況沒有出現，許金木表現得很好，我該多向他學習，特別是他的沉著。」

林文崇：「我們獲勝完全是運氣，對方投手一連串的暴投和捕手的漏接，造成我們勝利。

老實說，我們的球技比他們好，但是昨天那場是我們三場中表現最差的一場。第一局我接球漏失，很抱歉，唯一值得安慰的是，我在第三局四壞球上壘後，利用他們投手兩次漏失，跑回本壘得到第一分。」

涂忠男：「這次能與許金木搭檔，因為許金木表現優異，我這個捕手也分享到光榮。我最高興的，不是我從沒漏接過，而是大家一起努力得到冠軍。」

魏景林：「我最得意的是，第九局上場代打時，我打出這場比賽的第一支二壘安打，讓李居明和陳銘晃一起得分，使我同感光榮。」

吳誠文：「比較起來，我是這場比賽裡所有曾經上場的球員裡表現最差的一個。我有兩次三振的紀錄，這場比賽贏了，應是其他十三名球員的功勞。」

吳智雄：「我們靠運氣打得這麼接近，要不是運氣好，很難贏。

我在獲勝後，寫信給我在高雄台灣銀行的爸爸，告訴他我打棒球受他的鼓勵最大。

別人說我是獲勝的大功臣，我真覺得不好意思。」

李居明：「這次參加少棒賽，教練一直重用我，每場比賽都排我上場，使我對自己技術有信心。

希望將來我仍能打棒球，能參加青少年組的世界棒球賽。

前兩年的少棒隊員都獲准進入華興中學唸書，現在我們得了冠軍，希望也能上華興中學。」

陳金鉛：「過去我當捕手表現很好，教練也重用我。到威廉波特後，重要比賽我都沒上場，我覺得可能是我的技術退步了。」

蔡經理昨天比賽完時對我說，不派我上場是因為許金木和涂忠男搭檔，如果由徐生明或吳誠文等人當投手，就由我當捕手，現在既然已經贏了球，我就沒話可說了。」

廿九日，仍然有大批的留學生和華僑逗留在威廉波特，他們要看小選手，要摸小選手，更要親小選手，在他們眼裡，每個小選手都可愛，都散發著新的一代的光和熱。

威廉波特世界少棒比賽場地，草坪碧綠輕柔，就和巨人隊剛抵達時沒有兩樣。巨人隊的小選手離開這個曾經熱鬧了一星期的小城時，都對那塊草坪投以依戀的一瞥，「何時能再來？」明年這個時候他們只能坐在國內的電視機前，觀看另一支球隊接下他們的棒，也接下了他們的光和熱。

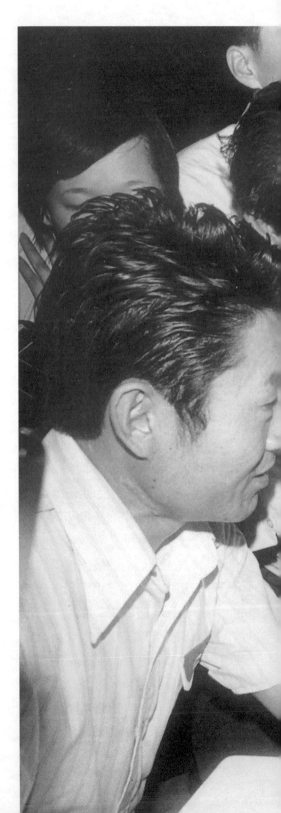

傅達仁的訪問
〔1971年（民國60年）9月11日〕
巨人隊記者會的盛況，左為電視記者傅達仁。
（陳永魁攝）

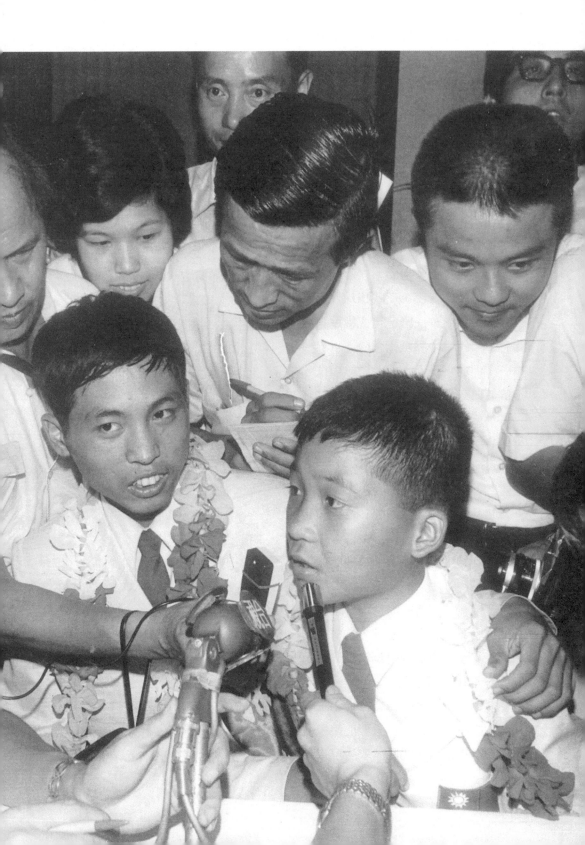

中華民國已經正式被邀請
參加青少年組世界棒球賽
謝國城在威廉波特表示「將慎重考慮」

在巨人隊獲得世界少棒冠軍，一雪去年七虎兵敗之恥時，世界少棒聯盟已正式邀請台灣參加青少棒的比賽。這是台灣棒運往前跨一步的良機，也是重大考驗。《聯合報》記者孫鍵政的特稿，反映棒球界面臨的新挑戰：中華民國已正式被邀請參加青少年組（十三至十五歲）世界棒球賽，但明年是不是就能派隊前往，謝國城在威廉波特表示「將慎重考慮」。

據記者的了解，中華全國棒球委員會所審慎考慮的問題，並不單純，而牽涉很廣，經費則是最大難題。

早在今年夏初，謝國城曾經說過，我們要研究派隊參加青少年組世界賽，但受限於籌備遠東區少棒賽及準備參加世界少棒賽，這個問題就擱下來了。

現在，最新的消息是，世界少年棒球聯盟正式表明態度，希望中華民國能夠派隊參加青少年組世界賽，他們的理由有二點：

第一、世界少棒賽自從中華民國參加後，一年比一年激烈而精采，希望青少年組也能如此，或許可以預料未來因中華民國的參加，而使青少年組與少棒並駕齊驅的發展。

第二、中華民國已經獲得兩次世界冠軍，奠定了少棒在國際的正式地位，應該有資格參加青少年組。

這兩點理由是很堂皇，也頗令人動心。可是衡量國內實際情況，參加與否、何時參加，棒委會的確要慎重考慮。

參加青少年組世界賽，比少年組要簡單，沒有必要經過遠東區比賽贏得冠軍才可以去威廉波特。只要有經費，又是會員，就可以直接選派球隊前往。

全國棒委會認為：現在考慮的一個是錢，一個是人。

因為棒委會每年都準備參加少年棒球賽，參加一次要花上百萬元經費（外界捐款在內），如果以後要再參加青少年組，則一年中或許要派二個球隊前往威廉波特，經費要加一倍以上，棒委會本身不敢輕易承諾，因為他們自己沒有這筆錢。

另外，派隊參加青少年組比賽，我國球隊到底有沒有希望，這牽涉到

東西方民族青少年體格的發育問題。據說，美國青少年球隊的隊員，長得跟成人差不多，而東方青少年則還像個小孩，體格的差別，對棒球比賽影響很大。

棒球界對這兩個問題的考慮，可以預料不是很快能夠解決，換句話說，棒球領導階層不太可能短期間就解決這件事。我們所要建議的是，當棒球界與有關單位研究這個問題時，不宜把問題的重心完全被錢與人所限制住，應該談及參加世界比賽對我國棒運發展是否有直接的幫助。

如果爲了錢的問題不易解決，每年就只參加少年組比賽而不考慮到青少年球隊，那未免有點不公平。

再者，全國棒運的推展，每一環節都一樣重要，青少年組又是少棒往上發展的一級，領導階層似乎應該把推展棒運的心血分一半在青少年球隊身上才對，如果棒球領導單位只知道少年棒球，全心全力爲少棒爭奪世界冠軍而努力，對青少年（國中）球隊不聞不問的話，這種作法也欠公正。

另外，地方棒球界配合性的作法也要改變，從基層上重視國中球隊，才能讓人眞正感覺到我們的棒球運動推展大有前途。

或許，棒界人士考慮到水準的問題，據很多棒球專家說，我們的國中球隊水準很高，並不見得低於少棒，拿台南市明德國中球隊爲例，他們連拿兩年國中組冠軍，很多人親眼看到明德的水準，的確相當高。

在有關單位與棒球界領導人士即將研究參加青少年世界賽的時候，我們綜合了棒球基層人士的意見，希望解決實際難題的同時，不要失去嘗試的勇氣。如果決策人士回憶起中華金龍隊參加遠東區（太平洋區賽前身），也只是抱著試試看性質前往的，那麼更不宜爲了錢的問題，斷絕青少年球隊參加國際賽的希望。

1972

今年是中華少棒、青少棒
同時進軍世界的重要年份

在冠軍總是為中南部強隊壟斷的傳統中，今年全國少棒賽爆出冷門，
被視為「弱隊」的北市隊以團隊精神，
加放鬆心情，加丁點運氣，成為最新的盟主。

這種情況讓渴望保持世界冠軍寶座的國人感到幾分不放心，
尤其今年是中華少棒、青少棒同時進軍世界的重要年份。

然而北市隊在遠征國外的途中，卻以其特殊的風格令人印象深刻，
首先在遠東區預賽中，北市隊以些許的差數取得冠軍，
打擊的丰采遠不如去年的巨人隊。

不過日本隊教練卻稱讚北市隊團隊配合好，教練林信彰調度靈活，
使得北市隊能發揮最高的戰鬥力。

果然，這些優點在世界賽中充份發揮，無懈可擊的守備、
美妙的瞬間單手觸擊、適時的安打，
使得北市隊成為歷年來最順利取得冠軍的中華少棒隊。

教練林信彰、投手陳志舜揚威異域。

至於青少棒，代表參賽的美和青少棒隊亦順利過關斬將，
首度取得世界青少棒冠軍，投手劉秋農成為風雲人物。

「二冠王」象徵台灣少棒四年努力不懈的豐碩成果。

全國少棒賽揭幕

〔1972年（民國61年）6月17日〕

第四屆全國少棒賽開幕，由全國棒球委員會理事長謝國城主持。（馮國鏘攝）

第一屆全國青少棒比賽共有四隊參加，他們是美和、華興、紅葉和金龍，其中華興擁有原來少棒金龍和七虎的優秀選手，實力頗強，美和則擁有投手劉秋農以及強打多位。比賽結果，美和與華興均為三戰二勝一負，需加賽一場以爭奪冠軍。

在冠軍爭奪戰中，華興以郭源治為投手，支撐到底，美和則分由張沐源和劉秋農出任投手，最後美和以3A比2擊敗華興獲得冠軍，華興屈居亞軍。華興輸球在於延長比賽的八局上半，郭源治在滿壘無人出局的情況下，以四壞球形成「再見保送」。這場比賽吸引了萬餘名觀眾，分坐兩邊看台，自動組成兩支聲勢龐大的啦啦隊，為雙方打氣。由於兩隊實力十分接近，過程扣人心弦，競爭十分激烈緊張。

比賽結束後，大會頒發個人成績：功勞獎：美和投手劉秋農。美技獎：華興林建良。打擊獎：華興郭源治、紅葉林德章、美和陳昭銘。全壘打獎：美和楊清瓏。教練獎：美和曾紀恩。

美和青少棒亮相
〔1972年（民國61年）6月9日〕
第一屆全國青少年棒球賽，由屏東美和獲得冠軍。
（陳漢中攝）

北市少棒隊的奇蹟
〔1972年（民國61年）6月17日〕
第四屆全國少棒賽，首場比賽由北市對
紅葉，這一場北市落敗，也是北市在本
屆比賽中唯一落敗的一場。（馮國鏘攝）

「黑馬」的北市少棒隊
〔1972年（民國61年）6月25日〕
北市少棒隊原被視為較弱的隊伍，卻大爆冷門，
榮獲第四屆全國少棒冠軍。（馮國鏘攝）

台北市少棒隊
贏得了冠軍出人意料

1972
民國61年

第四屆全國少棒賽由六月十七日開始，進行八天二十八場的比賽，共有紅葉、北市、大鵬、新明、巨人、垂楊、金門、金龍等八隊參加，其中金龍、巨人和垂楊三隊被看成奪魁的熱門隊伍。由於中華少棒在威廉波特的優異表現，樹大招風，今年少棒組隊的限制和比賽的規則都比過去嚴格，無形中不利於明星球員的集中，形成各隊實力伯仲之間的現象。

比賽結果大出一般人意料之外，原本被當成「弱隊」的台北市，竟然在首場輸給紅葉之後，一路過關斬將，連贏五場，積分領先各隊，最後再以四比三擊敗垂楊隊獲得冠軍。由於北市隊投打都不十分顯眼，因此每一場勝戰都贏得很險，而且似乎都靠對手的失誤，因此北市隊贏球被不少說成是靠運氣。

北市勇奪冠軍
〔1972年（民國61年）6月26日〕
北市少棒隊員捧著冠軍杯，讓專家和球迷看走眼。
（陳漢中攝）

177

　　由於事先並不被看好，北市隊的後援遠較中南部的強隊為差。比賽前，北市隊全天在敦化國小訓練，住在學校裡，自己帶棉被、蚊帳、電風扇，在八德路的小餐館吃飯。四月一日開始集訓，他們的營地訪客很少，市府的官員在三個月中只去慰問過一次，平時只有球員家長帶水果去。比賽期間，中南部球隊有熱心人出錢，球員住觀光飯店，北市隊球員則擠在托兒所的房內睡木板。冠軍賽當天上午，北市隊居然沒錢吃飯，教練林信彰才跟一位球員的家長借三百塊錢，全體去圓環吃魯肉飯。林信彰原是中華成棒的國手，是第三屆至第五屆亞洲杯的國手，有一個外號叫「阿猴」，原來是乒乓球國手，後來改打棒球。林信彰教授北市隊的絕招就是觸擊，單手瞬間打出觸擊，不必像一般球隊隊員擺好樣子還打不到。全國少棒賽的前一天，林信彰私下告訴記者：「我大概會贏球啦！出國手續還是先準備好。」結果比賽的第二天，北市贏了巨人，林信彰「出國」的笑話在球場流傳，友人見到他莫不問他：「出國手續辦得怎麼樣了？」林信彰立刻漲紅臉，連說：「不要說笑了！」沒想到到了最後，出國的笑話竟成事實。《聯合報》以「鍥而不捨」形容北市的成績：

黑白集

　　台北市少棒隊出人意料之外贏得了冠軍，這並不表示「垂楊」、「巨人」、「金龍」和「紅葉」等幾個強勁的隊伍水準降低，在比賽過程中，天時、地利、人和等因素，都影響比賽的勝負。但儘管如此，如果台北市隊沒有堅強的陣容、嚴格的訓練、適當的調度，單憑運氣，是無法一關一關闖過的。這也證明北部地區的少年棒球運動，在並不狂熱的情形下，一樣也訓練出了這麼好的球技。

　　少年棒球運動，在東部地區發芽，在南部地區茁長，於今又在北部地區開了花；這功績是全台灣地區的，任何一隊獲勝代表中華民國，光榮都屬於全體致力「少棒」運動的人士。兄弟之爭，縱使贏得憑點機運，輸的只是偶然失誤，那均無關宏旨，問題是我們如何在團結一致之下，去贏得國際比賽的榮譽。

　　而且我們也覺得每年的少棒選拔賽，各地區均有獲勝爲代表隊的可能，正表示我們的少棒運動是在普遍中發展。世界少棒聯盟過去某些誤解，至此也將一掃而空。因此，我們除了對台北市隊表示祝賀之外，尤希望所有參與選拔的各地區少棒人士，保持鍥而不捨的精神。

中華民國僑民的熱忱
〔1972年（民國61年）8月2日〕
北市隊與日本隊爭奪冠軍，
當地中華民國僑民揮舞著國旗加油。（吳顯申攝）

在全國少棒賽中
以「弱隊」姿態
獲得冠軍的北市隊
對菲律賓和關島
都勝得有點驚險

在全國少棒賽中以「弱隊」姿態獲得冠軍的北市隊，集訓期間加強了投手訓練，隨後前往關島參加遠東區衛冕賽。然而在關島比賽期間，北市隊打得一樣不輕鬆，第一場只以2A比1勝菲律賓，第二場以20比0勝香港，第三場以3A比0勝韓國，第四場以1A比0勝關島，其中對菲律賓和關島都勝得有點驚險。

最後一場冠亞軍爭奪戰中，北市隊靠林祥瑞的一支一分全壘打，以及吳宏益再擊出一支二壘安打，再下二分，終場以3比0擊敗日本。日本隊輸了以後，其教練鈴木秀俊總結說，中華隊有一位高明的教練，現場看球賽的專家也說，林信彰是一位神機妙算的教練。鈴木秀俊去年曾率領日本調布隊來台灣比賽，以0比5輸給巨人隊，今年他帶隊捲土重來，但還是輸給了北市隊。鈴木認為日本隊輸得無話可說，北市隊發揮了最大

雨中的冠軍賽

〔1972年（民國61年）8月2日〕

北市隊與日本隊爭奪遠東區冠軍，天氣飄忽不定，時雨時晴，最後北市隊以3比0擊敗日本隊。（吳顯申攝）

的戰鬥力，完全以技術取勝；相反地，日本隊沒有發揮打擊力量，投手森岡不夠穩定，但又沒人可換。最後，中華隊的教練調度靈活，而且能貫徹作戰能力。這一場比賽打到第四局時，豆大的雨滴滾滾落下，選手們立刻回到休息室。大會工作人員用油布舖在地上，看台上的觀眾捨不得離開。半個鐘頭後，比賽重新開始，華僑和榮工處人員齊唱「高山青」，汽油桶也當成鼓來敲，用力猛敲。「高山青」之後又唱「台灣好」，又唱「當我們同在一起」。歌星孫永鳳和田文仲也跳了起來。《聯合報》的報導寫著：「61年8月2日是關島僑胞最難忘的日子，因為在關島的土地上發生一則動聽的故事，多少年後，仍然會有人在傳頌這個故事──中華少棒隊如何贏得了遠東少棒賽的冠軍，僑胞們又如何在大雨中為來自祖國的球員們歡呼雀躍。

至於突然成為「名教練」的林信彰，報上有一段關於他的報導：

【本報訊】中華隊教練林信彰回到台北後，家裡已經有不少商人在等他，這些商人一方面來祝賀，一方面要來提貨。

林信彰是一位經營西藥小額批發的藥商，他自從擔任中華隊教練後，每天忙著訓練球隊，自己的生意根本沒有時間來照顧。

當台北市隊奪得全國冠軍，他的藥店送貨員正好應召服役。結果，林信彰教練接洽的一切生意都沒有人送貨，一些不明瞭林信彰困境的商人，反而要林信彰賠償損失。

林信彰一家六口，他太太要照顧家庭，根本沒有時間照顧西藥生意。林信彰又把全部時間放在球隊上，因此，有一個多月根本沒有做生意。

當他回到家後，看到五、六位商人要他立刻送貨時，他覺得很煩惱。做生意拿了人家的訂錢，沒法子送出貨，對他的信用損失很大。他最後一一向商人賠不是，才解決這一煩惱。

美和輕騎過關
〔1972年（民國61年）8月6日〕
遠東區青少棒比賽，美和隊兩度擊敗關島隊而獲得冠軍。（馮國鏘攝）

遠東區青少棒賽
只有美和隊與關島隊兩支隊伍參賽
美和隊輕鬆擊敗關島隊順利取得冠軍

遠東區青少棒賽只有美和隊與關島隊兩支隊伍參賽，由於關島隊實力較弱，在三戰二勝的比賽規則中，美和隊先後以7A比0以及18比0擊敗關島，順利取得冠軍。至於遠征美國參加世界青少棒比賽，美和隊面臨兩個問題：一是對青少棒比賽資料缺乏，沒有供練習的假想敵。二是世界青少棒將在夜間比賽，美和隊缺乏夜間比賽的經驗。《聯合報》記者張昭雄分析文稿摘要如下：

美和隊以二戰二勝擊敗關島隊，贏得遠東區參加世界青少棒賽的代表資格。

這是我國首次派隊參加世界青少棒賽，也是遠東區第一次派隊角逐此項世界性的比賽。美和隊的赴美參加比賽，不僅國人關切，也爲遠東地區愛好棒球人士所矚目。

世界青少棒賽歷史悠久，但因遠東地區從未參加過，沒有資料可供參考，所以此行，美和隊在知己不知彼的情況下出征，確實感到前程艱難。

主辦單位已寄來賽程表，美和隊在晚間連續出賽，這是美和隊最感頭痛的事。

教練曾紀恩數度率領成人球隊出國遠征，在菲律賓、日本、韓國等

地，他們都是利用夜間球場賽球，我們成人球隊在國內從來沒有打過晚間比賽，因此，吃虧頗大。曾教練透露，去年中華棒球隊在參加第九屆亞洲盃棒球賽中，凡是晚間比賽，中華隊都吃敗仗，原因是球員不習慣在晚間比賽。

此次，美和隊參加世界青少棒賽，首戰本月十五日晚上八時對美國東區（台北時間十六日上午七時），如過此關，十六日晚上八時再戰加拿大對墨西哥的勝隊，接著準決賽在十八日晚上八時比賽，接連三場的夜間比賽，對美和隊而言，確實不好應付。

為了熟悉晚間比賽，美和隊已商借美軍顧問團的夜間球場，並於五日起每晚都在美軍球場練球，他們在短短幾天的訓練當中，能否習慣於夜間燈光下打球，令人擔心。

美和隊將在九日啟程，這兩天忙於整理行裝，相信無法專心練球，美和隊在赴比賽地之前的途中，還有幾場的練球機會，專家們希望美和隊應在這幾場練球時，針對此次與關島比賽所發現的毛病予以糾正，藉使美和隊能有巔峰狀態與來自世界的各青少棒球隊一較勝負。

美和赴美前的晚宴
〔1972年（民國61年）8月7日〕
美和隊赴美國比賽的前夕在台北天使飯店接受歡送晚宴，隊員們藉機切蛋糕來慶生。（馮國鏘攝）

青少棒探訪世界之路

〔1972年（民國61年）8月9日〕

美和青少棒隊踏上征途替台灣青少棒探訪世界之路。（馮國鏘攝）

美和青少棒隊職員名單如下：領隊廖丙熔、教練曾紀恩、經理董榮芳、秘書江得禮，隊員：劉秋農、張沐源、伍茂東、溫金明、黃宏茂、林偕文、蔡榮宗、楊清瓏、梁敬林、陳昭銘、黃明怡、江仲豪、陳進財、吳文智。

台北少棒隊的出發

〔1972年（民國61年）8月17日〕北市少棒隊啟程赴美比賽，這是中華少棒第四度遠征威廉波特。（陳永魁攝）

北市隊赴美國參加世界少棒賽，首場將遭遇美國東區隊，北市隊隊職員十八人，名單如下：領隊張建邦、秘書楊本禮、經理劉興鎮、教練林信彰、隊長吳宏益，隊員陳志舜、林永隆、蕭志成、李杜宏、姜福正、李伯河、張志雄、張建昌、李東旭、李聰智、林祥瑞、林朝進、林振男。

陳志舜在雙橡園
〔1972年（民國61年）8月29日〕
北市少棒隊獲得世界少棒冠軍後，在雙橡園接受中華民國駐美大使沈劍虹的歡宴款待，
投手陳志舜在草坪上示範投球動作。（李強光攝）

美和青少棒與
北市少棒隊雙雙赴美國
為首度爭取雙料冠軍的「二冠王」而戰

美和青少棒與北市少棒隊雙雙赴美國，為首度爭取雙料冠軍的「二冠王」而戰。美和青少棒在蓋瑞市連闖四關，順利拿下世界青少棒冠軍。至於北市少棒隊，在全國少棒賽和遠東區少棒賽中，以有驚無險的方式贏得冠軍，到了世界少棒賽中，水準突然躍升，打擊和守備的演出無懈可擊，是中華少棒參加世界少棒賽四年以來，贏得冠軍最輕鬆的一次。北市隊分別以相當大的比數連贏美東隊、美西隊，在最後一場冠軍賽中，則以6比0擊敗美北，比起去年巨人隊鏖戰九局，花了三小時才擊敗美北，幾乎沒有碰到什麼阻力。

北市隊三場比賽的打擊率高達三成六，每一場比賽都能擊出十支安打，創下中華隊在威廉波特的紀錄。至於瞬間短打的技術每每令觀眾大為驚嘆。守備方面，陳志舜擔任美東、美北兩役的投手，僅被擊出五支安打，而三振對方共達二十二次之多。林永隆擔任美西一役的投手，三振對方十五次之多，僅被擊出一支安打。北市隊的最大特色是團隊配合程度超過過去三年的中華隊，明星球員不若過去光彩，但將士用命、各守其份，令人印象深刻。

首度的「二冠王」
〔1972年（民國61年）9月6日〕美和青少棒凱旋車隊由松山機場出發。

1.沈劍虹贈紀念品

〔1972年（民國61年）8月29日〕駐美大使沈劍虹送紀念品給獲得世界冠軍的北市少棒球員。（李強光攝）

2.中華民國的驕傲

〔1972年（民國61年）〕美和青少棒和北市少棒雙雙獲得世界冠軍，兩隊同時返國，使國人感到十分自豪。（陳漢中攝）

3.群眾欣喜若狂

〔1972年（民國61年）9月6日〕美和青少棒和北市少棒車隊穿越台北中華路時，歡迎群眾欣喜若狂。（馮國鏘攝）

1.劉秋農與陳志舜

〔1972年（民國61年）9月6
日〕美和青少棒主投劉秋農
和北市少棒主投陳志舜，是
台灣「二冠王」的功臣。
（馮國鏘攝）

2.陳昭銘的家人

〔1972年（民國61年）9月6
日〕美和青少棒隊員陳昭銘
的祖母稱許著小孫子，陳昭
銘的父母和姊姊都開心極
了。（馮國鏘攝）中華隊首
度贏得青少棒和少棒的「二
冠王」，國人興奮之餘，開始
思考一個問題，中華隊能百
尺竿頭更進一步嗎？亦即中
華隊能邁向青年組的比賽
嗎？勞苦功高的全國棒球委
員會理事長謝國城回到台灣
以後，一直被問到這個問
題，謝國城的態度是相當審
慎的。

3.林振男的雙親

〔1972年（民國61年）9月6
日〕美和青少棒和北市少棒
記者會中，北市少棒隊員林
振男（中）的父母親親暱地
附在兒子耳邊講話。（馮國
鏘攝）

1973

孩子們夢想成為少棒國手
台灣少棒已遠超過兒童體育的範疇

在北市隊奪得全國少棒盟主地位後的一年，
南區球隊又輕易地取回此一榮銜，
而且冠亞軍均由隸屬南區的台南巨人和高市飛獅奪得。

台南的少棒隊達到顛峰狀態，高雄市則是蓄勢待發。

台灣少棒蓬勃發展，使得棒球成爲全民體育，民族之光，
孩子們夢想成爲少棒國手，光宗耀祖。

這一刻的台灣少棒已遠超過兒童體育的範疇，
實質上已成爲重要的國家目標。

在這種主客觀條件下產生的少棒隊，在國外已無眞正的對手可言，
巨人隊無論在遠東區預賽或世界賽中，均以秋風掃落葉之勢，
打得對手瞠目結舌，毫無招架之力。

作爲主辦國兼地主隊的美國在連續大輸之後，
感到莫名的恥辱，開始質疑中華少棒的訓練方式和參賽資格。

儘管如此，台灣棒球運動的大潮毫無減弱的跡象，
華興青少棒隊又順利拿下世界青少棒冠軍，繼續保持了二冠王的戰果。

謝國城終於決定繼少棒、青少棒之後，勇敢地走向世界青棒大賽。

這是台灣發展成棒的重要暖身運動，過去總有幾分遲疑，
現在在大批優秀棒球選手成長後，青年棒球已是順勢之舉。

巨人隊二度奪魁

〔1973年（民國62年）6月24日〕

全國少棒賽，巨人隊獲得冠軍，這是繼民國60年巨人隊獲冠軍以來，二度登上寶座。（馮國鏘攝）

第五屆全國少棒賽
巨人隊一路過關斬將
最後以五勝一敗的
戰績獲得冠軍

第五屆全國少棒賽共有巨人、北市、金龍、金剛、榮工、飛獅、雲風等七支隊伍參賽，其中巨人隊的表現非常突出，一路過關斬將，最後以五勝一敗的戰績獲得冠軍。比起前年以許金木擔任主投的巨人隊，這一屆巨人隊的特色，在於身材高大，棒棒俱為強打，是中華少棒發展至今，打擊能力最強的一支隊伍。在全國少棒賽冠亞軍之戰中，巨人隊竟以15比0的懸殊比數擊敗北市隊。此外，來自高雄市的飛獅隊則開始展露頭角，表現不俗。事實上，在南區預賽時，飛獅曾以一分之差擊敗巨人。飛獅和巨人分別為南區預賽的冠亞軍，但在全國比賽中，飛獅表現不盡理想，最後雖然也贏了巨人隊，但整體成績只居於亞軍，其中飛獅主投陳肇福的外角球頗具威力。至於早期曾表現優異的台中金龍，今年表現不佳，呈沒落之勢。

教練陳文華
〔1973年（民國62年）6月24日〕
巨人少棒獲得冠軍，由球員們高興地把教練陳文華高高地舉起來。（馮國鏘攝）

華興青少棒崛起
〔1973年（民國62年）6月11日〕
全國青少棒選拔賽閉幕，由華興中學獲得冠軍。

世界少棒聯盟
理事長麥高文來台訪問

由於台灣少棒表現優異，世界少棒聯盟理事長麥高文特別來台訪問，並參觀由台北市少棒隊對台北縣金剛隊的表演賽。麥高文夫婦一路由謝國城陪同，麥高文告訴謝國城，希望台灣也能派隊參加世界青棒賽。世界青棒賽每年在邁阿密舉行，麥高文說，每逢世界青棒在邁阿密舉行時，總有十幾位美國職業棒球的球探到邁阿密挖掘好手。謝國城說，中華民國已決定明年將參加世界青棒賽。這是中華隊由少棒、青少棒一直發展到青棒的明確訊息。

華興青少棒先後以18A比0和11比0擊敗關島隊，獲得遠東區青少棒的代表權。華興隊隊職員名單如下：領隊江學珠、經理方水泉、教練葉國輝、秘書張金釣、隊員盧瑞圖、黃志雄、蘇豐原、孫金鼎、李宗源、陳義信、侯德正、黃清杰、黃永祥、林華韋、許永金、董國華、余宏開。以上一部份隊員是過去金龍和七虎少棒的隊員，此次以華興青少棒的身分再度遠征美國。

麥高文再度來台
〔1973年（民國62年）7月22日〕
世界少棒聯盟理事長麥高文夫婦來台灣訪問，並參觀一場少棒賽。（馮國鏘攝）

巨人少棒隊遠征韓國
結果以五場全勝的姿態
拿下中華隊連續第五年的冠軍

巨人少棒隊遠征韓國，結果以五場全勝的姿態拿下中華隊連續第五年的冠軍。巨人隊的打擊火力震憾各國，總計以24比0勝關島、23A比1勝香港、17比0勝菲律賓、4A比0勝日本，在最後冠亞軍爭奪戰中，輕易地以19比0勝韓國。

這一場比賽全場擠滿了韓國觀眾，準備為韓國少棒隊加油，結果比賽出乎意料之外，韓國隊面對巨人隊的打擊時，毫無招架之力。巨人隊在這場比賽中，共擊出十九支安打，其中包括九支全壘打，巨人隊投手黃清輝則三振韓國隊達十五次之多。這場原來被韓國視為勢均力敵的球賽，結果卻是一面倒，令韓國棒界十分驚訝。在閉幕典禮

1.華興拿下遠東區
〔1973年（民國62年）
7月8日〕遠東區青少棒賽中華興兩度擊敗關島隊，獲得冠軍。（陳漢中攝）

2.巨人隊技奪韓國
〔1973年（民國62年）
8月2日〕巨人少棒隊獲遠東少棒賽冠軍，由漢城凱旋歸國。（馮國鏘攝）

中，韓國棒球協會會長金鍾洛致詞說，巨人隊的實力與高中棒球隊的水準不相上下。本屆的遠東少棒賽，巨人隊締造了許多的最高紀錄，以下是《聯合報》黑白集「下一代」的短評，以及巨人隊創下的相關紀錄：

黑白集

我巨人少棒隊在韓國橫掃遠東各國代表隊，與華興青少年棒球隊先後媲美的獲得遠東區代表權。連日在電視上看小將們過五關斬六將的威風，全國軍民的興奮自不在話下，而韓國僑胞的歡喜若狂，更令我們覺得巨人隊的孩子們，著實替我中華兒女爭了光彩。

梁啓超著「憂國與愛國」一文說：「今天下之可憂者，莫中國若；天下之可愛者，亦莫中國若。」觀乎大陸千千萬萬下一代在共匪奴化教育下，成為「造反有理」的紅衛兵，正是天下之可憂；而在台灣復興基地生長的千千萬萬下一代，則在民主自由教育下，一批批的在國際間為我中華民族揚眉吐氣，叫世人刮目相看，則又是天下之可愛。

孔子言志，強調「少者懷之」，給下一代以愛的教育，這也就是總統所行的九年國民教育德政。現在，下一代成長得如「巨人」，自是「華興」的氣象。然則，天下之可憂者終將成為

華興赴美
〔1973年（民國62年）8月5日〕
華興青少棒赴美參加世界青少棒衛冕賽。（馮國鏘攝）

過渡的現象；天下之可愛者，豈非莫中國若。

　　巨人隊隊職員名單如下：領隊楊家寶、經理邱松男、教練陳文華、秘書朱淵智，隊長黃清輝、隊員黃明亮、宋正立、黃金勇、蔡漢文、王清懺、郭文理、連永紹、陳振雄、蔡仁嘉、陳平茂、鄭百勝、盧銘寬、楊元華。

巨人隊在遠東區少棒賽中締造十九項最高紀錄

1. 一局比賽得十九分（對香港）。

2. 一局比賽獲得廿四次打席（對香港）。

3. 一局比賽個人打出兩支全壘打（對香港，打擊者鄭百勝）。

4. 一局比賽一棒至九棒連續打出安打（對香港）。

5. 一局比賽創下八成九四的打擊率（對香港，第一局打數十九次，安打十七支）。

6. 一場比賽打出廿二支安打（對香港）。

7. 本屆遠東區賽唯一的一場完全比賽（對菲，由郭文理主投）。

8. 一場比賽十六次三振（對菲）。

9. 一場比賽創下最高打點紀錄七點（對韓國，由王清懺創造）。

10. 一場比賽個人打出三支全壘打（對韓國，打擊者王清懺）。

11. 一場比賽打出九支全壘打（對韓國）。

12. 在本屆遠東區賽創下勝分最多的紀錄（對關島，廿四比零）。

13. 創下歷屆遠東區賽全壘打最多的一次，共打出廿三支。

14. 創下歷屆遠東區賽個人全壘打最多的一次（共七支，打擊者鄭百勝）。

15. 創下歷屆遠東區賽觀眾最多的紀錄（中韓之戰二萬餘觀眾）。

16. 創下歷屆遠東區賽「冠軍之爭」比數最懸殊的紀錄（勝韓國，十九比〇）。

17. 一場比賽打擊率達到五成五五（對香港，打數四十次，安打二十二支）。

18. 一場比賽十九支安打，擊出九支全壘打（對韓國）。

19. 遠東區冠軍隊唯一失一分，而被最後一名擊出全壘打（巨人隊僅失去對香港的一分）。

五年比賽十七場
只讓對手得三分

【本報訊】我國少年棒球隊自參加遠東區少棒賽五年以來，打了十七場球，只讓所有對手得到三分。

五年以來，我少棒代表隊出賽十七場，全部獲勝，得到一八七分，其中十四場使對方掛零，三場使對方各得到一分，即六十年勝菲律賓3比1，六十一年勝菲律賓2A比1，六十二年勝香港23A比1。

在五年的十七場大戰中，以六十一年1A比0勝關島，是勝分最少的一次，但勝分最多的一次也是對關島，就是今年的得分廿四比零。

中華少棒隊參加遠東區少棒賽歷年戰績情形是這樣的：五十八年兩戰兩勝，得十九分；五十九年兩戰兩勝，得廿四分；六十年三戰三勝，得廿八分，失一分；六十一年五戰五勝，得廿九分，失一分；六十二年五戰五勝，得八十七分，失一分。

如以平均每場得分來說，以今年平均每場十七點四分為最高，去年平均每場六分為最低。

華興榮獲世界冠軍
〔1973年（民國62年）8月29日〕
華興青少棒榮獲世界冠軍返台後，在台北市區進行凱旋遊行。（劉偉勳攝）

華興五戰皆勝衛冕成功

國內球場裝設燈光是刻不容緩的事，方經理指出如果明年也要派青棒代表隊參加世界大賽，更需要有夜間球場的設備！

華興青少棒隊參加在美國印地安那州蓋瑞堡的世界青少棒賽中，第一場對地主隊蓋瑞隊、第二場對美東、第三場對加拿大、第四場對美南、第五場冠亞軍爭奪中，對上由敗部復活的美東，結果華興以五戰皆勝的戰績衛冕冠軍成功。《聯合報》記者張昭雄報導這次比賽反映明年參加世界青棒可能面對的問題，節錄如下：

棒球運動水準再求精進
設置夜間球場刻不容緩

華興青少棒隊經理方水泉，教練葉國輝，昨日回國後同時指出，國內應該早日裝設夜間球場，才能更進一步的提高青少棒或青棒的運動水準。

曾經兩度赴美的方經理認為，世界青少棒及青棒比賽，大都在夜間球場舉行，假使我國每年都想派隊逐鹿世界大賽，勢必要有夜間球場的設

施，免得每年為了熟悉燈光，使球員在賽前有所顧慮。

華興隊在參加世界比賽前，雖然在華盛頓夜間球場練習了三、四次，但是球員們仍感不能適應，以致影響比賽成績。方水泉舉出，第二場對美東，第三場對加拿大的比賽，就是因為球員不習慣於晚上的比賽，加上賽前球員有心理負擔，使整隊演出受到影響。

在夜間球場比賽，球員感到最有影響的是打擊與接高飛球。據方經理說，遇到對方投手球速強勁時，經常無法判斷球路。對美東隊的比賽，方經理命令球員多選球再揮棒，但因看不清對方球路，時常有好球沒有揮棒的情形，影響了整隊的攻擊力量。其次，在夜間球場比賽，外野手要接高飛球，對視力有影響。此次比賽由於華興投手威力甚強沒有被對方擊出許多外野高飛球，不然，將使華興隊的

外野手受到威脅。

　　國內球場裝設燈光是刻不容緩的事，方經理指出，如果明年也要派青棒代表隊參加世界大賽，更需要有夜間球場的設備。他說，美國青棒隊差不多都是在晚上練球，當然是因為比賽都是在晚上舉行的緣故。

　　談到我國參加世界青棒賽應作如何準備，這位曾任合庫成人棒球隊教練的專家表示，除了體型、體力必須重視，投手實力尚嫌脆弱。

　　他特別打聽美國華僑談美國的青棒情形。華僑們都說，美國球員身材高大，雖然他們都是十七、八歲，但都像大人球員，氣力十足。

　　以目前國內青棒球員體格來看，方水泉認為，必須從體能上加強鍛鍊，而且，投手也要多培植。

　　美國人對少棒、青少棒運動的推動，旨在讓他們玩玩而已，但到青棒階段則不同，各球隊都非常重視球員

的球技，因為規模較大的青棒比賽，職業球隊經理都會到場物色技優球員，青棒球員為了以被網羅到職業球隊為榮，練球十分勤勞，球技自然都很高。因此，方經理認為如果我國要派青棒球隊赴美比賽，必定要從各方面開始準備。

　　華興隊教練葉國輝說，加拿大青少棒隊敗給華興隊之後，該隊教練很不服氣的說：「明年青棒比賽再見高低。」此意是說他們將在青棒運動報回一箭之仇。所以，方經理與葉教練希望我國應及早作參加世界青棒的準備。

　　華興隊在今年世界青少棒賽的五場比賽中，方經理與葉教練認為，第一、四場表現最佳，其餘各場都沒有應有的水準。

　　華興首戰為蓋瑞是在白天舉行，球員都有正常表現。第二場對美東比賽是在晚間舉行，方經理說，美東投

手班克士雖非弱者，但照理華興球員是可以輕易擊中班克士的球才對，可是賽後球員都認為不太適應燈光下打擊。

第三場對加拿大的比賽，方經理認為是五場比賽中最不如意的一場。方經理說，加拿大投手柴克並不比美東隊班克士有威力，所以讓球員自由發揮打擊，但想不到全場只有三支安打，打擊率相當低，所幸第三局採取觸擊短打，再配合一次盜壘成功，董國華的適時二壘安打才攻下寶貴的一分。

方經理對這場比賽的經過，至今仍耿耿於懷。他說，在第一局華興隊就應該要先馳得點，由於當時輪到第三、四棒強打者打擊，他沒有用「打、盜」戰略，以致徒勞無功，喪失得分機會。

第四場對美南一戰，方經理改變信任強棒助攻打點的觀念，頻頻使用觸擊短打，結果都能如願，方經理認為這場比賽是最成功的一戰。

至於冠軍爭霸戰，方經理說，美東隊的實力已經瞭若指掌，球員心理負擔較輕，配合成功的長、短及觸擊打的攻勢，使華興隊順利登上世界青少棒王座。

綜合總檢五場比賽，方經理與葉教練一致認為，由於國內青少棒水準高，打國內的選拔賽要比世界青少棒艱難，相信兩、三年內我國青少棒代表隊仍能保持世界青少棒王座。不過，他們最後表示，明年開始可能各國球隊都會力爭上游，我們必須再接再厲。

《聯合報》相關報導如下：【本報訊】華興青少棒球隊，昨天下午四時搭乘中華班機凱旋，受到國人熱烈的歡迎。

領隊江學珠女士率領這支世界冠軍隊返國。教育部長蔣彥士、中華體協理事長黎玉璽上將、內政部長林金生、台北市長張豐緒、體協名譽理事長楊森將軍等，都到松山機場迎接。

華興隊在機場接受獻花與佩戴綵帶後，於四時二十分開始分乘吉普車遊行台北市區幾條主要街道，沿途有

千萬市民夾道歡迎，路旁商店燃放鞭炮慶賀。

他們先經過敦化北路，在中泰賓館前聽到第一串鞭炮聲，車隊進入南京東路時，熱鬧氣氛四處洋溢，高樓大廈裡工作的人們，暫時放下了工作，擠在窗子裡向街道俯視，很多人不時指指點點，可能是在分辨小國手誰是誰。

公路西站前通往重慶南路的陸橋上也擠滿了人，他們低頭看華興小國手，看得最清楚。

中華路兩側更是人山人海，鞭炮聲此起彼落，震耳欲聾。

車隊進入寶慶路時，遠東百貨公司的長串鞭炮從頂樓拉過街，在華興隊員們和人群頭頂上燃放。

華興隊到了總統府廣場停了下來，整隊在總統府前合影，同時高呼「總統萬歲！」

然後，他們到三軍軍官俱樂部接受記者訪問。領隊江學珠、經理方水泉、教練葉國輝以及全體球員都被記者們團團圍住，發表他們蓋瑞之行的感想。

晚間，華興隊全體隊員至台視公司參加三家電視台的聯合歡迎晚會，並接受頒獎。

【本報訊】教育部長蔣彥士昨晚以體育獎章頒給華興青少棒，表揚他們參加世界青少棒比賽的傑出表現。

中華體協會理事長黎玉璽，他各以金像獎一座頒給華興隊全體人員。

中國青年反共救國團主任李煥，贈送手錶給每位隊職員。

華興隊將繼續練球
決向世界青棒進軍
有關單位籌建夜間球場

【本報訊】勝利歸來的華興隊，今後將繼續練球，向明年的世界青棒賽進軍。

華興隊經理方水泉表示，華興隊若想參加世界青棒賽，須再鍛鍊體格。他說，我國選手雖然基本動作與技術都在水準之上，但體力不行。他曾在美國蓋瑞城看到當地青棒隊練球，發覺他們的身材比美和隊的劉秋農還高大。方水泉希望華興隊今後除球技上須精練外，體格的訓練也不能忽視。

教練葉國輝也說，我國隊員的臨場經驗及機智都比外國優秀，但體格與身材上仍吃很大的虧。這次在蓋瑞比賽，他曾與比賽各國教練交換意見，他們表示我國球隊訓練有素，技巧、機智都較國外略勝一籌，但要進軍青棒，仍須再作進一步努力。

1973 | 民國62年

總統府前勝利呼喊
〔1973年（民國62年）8月29日〕
華興青少棒隊到總統府前呼喊勝利的口號。
（馮國鏘攝）

219

中華少棒遠征威廉波特
五年以來，以今年巨人隊的戰績最驚人
創下世界少棒賽中的多項紀錄

一九七四年的世界青年棒球大賽，將於明年八月十二日到十六日在美國佛羅里達州舉行，參加球隊的球員年齡，須是十六到十八歲，我國明年將組全國性明星隊參加。

【本報訊】教育部長蔣彥士、體協會理事長黎玉璽、台北市長張豐緒和台北市教育局長高銘輝，在歡迎華興凱旋之際，都表示夜間運動場的設置確有必要。

他們對夜間球場的問題交換了意見，表示第一步要將市立體育場改建為夜間運動場，日夜可用，而且用途較廣，可以作為田徑、足球、棒球、橄欖球、手球及其他項目之用。棒球隊需熟悉夜間比賽，也可以在市立體育場練球。

台北市立體育場裝設燈光，工程設計已有藍圖，很快就可以開工。

張豐緒說，市立棒球場裝置燈光，需經費二千萬元，市府一定要進行這個工作，經費將由六十四年度市府預算中編列。

中華少棒遠征威廉波特五年以來，以今年巨人隊的戰績最為驚人，創下了世界少棒賽中的多項紀錄，但也惹來許多閒言閒語，包括世界少棒聯盟下令調查巨人隊球員的實際年齡。今年巨人隊在三場邁向冠軍的比賽中，沒有讓對手擊出一支安打，第一場對歐洲以18比0獲勝，第二場以27比0擊敗美南隊，第三場以12比0擊敗美西隊獲得冠軍，全部共得57分。《紐約時報》報導世界少棒聯盟理事長麥高文在巨人隊以27比0擊敗美南隊時說：「27比0是美國人的恥辱。」美國少棒專家史陶布里奇在紐約新聞週刊中指出：「當遠東隊七年來第六次世界少棒聯盟冠軍旗幟在威廉波特繞場遊行時，少棒聯盟職員對此情勢如何採取行動，感到不寒而慄。⋯這些職員要想一想——中華巨人隊在三場比賽中，一共得到57分，該隊投手使對方全無安打。我們的球隊當然無法擊敗遠東隊。」

1.華興投手李宗源
〔1973年（民國62年）8月29日〕
華興青少棒凱旋車隊中的投手李宗源。（馮國鏘攝）

2.巨人少棒的豪情
〔1973年（民國62年）9月5日〕
巨人少棒隊凱旋遊行後到總統府前呼喊勝利口號。（馮國鏘攝）

1

2

LITTLE LEAGUE
1973
WORLD CHAMPIONS

巨人少棒隊凱旋

〔1973年（民國62年）9月5日〕

榮獲世界少棒冠軍的巨人隊返回台北。

（馮國鏘攝）

美國人在大輸之後感到一股屈辱感，各方質疑巨人隊參賽資格的聲浪四起，有的說巨人隊主要球員超齡，有的則說巨人隊實行軍事化的訓練。世界少棒聯盟主席麥高文下令組成一個委員會，派人到台灣，複查巨人少棒隊的資料。謝國城則告訴美國方面，巨人隊沒有任何違規之處，巨人隊領隊楊清寶則說，真金不怕火煉，歡迎對巨人隊懷疑的外國人來台灣看看。有關巨人隊贏得太多引來的風波，《聯合報》黑白集的相關評論如下：

我巨人少棒隊本日凱旋返抵國門，我們在此熱烈的鼓掌、歡呼，迎接我們優秀的小將們帶著衛冕成功的榮耀歸來！帶著海內外同胞的驕傲歸來！

巨人少棒隊這次在美國威廉波特的表現太「棒」了，「棒」得在世界少棒賽中創下了許多輝煌的紀錄，「棒」得固然在少棒賽中前無古人，且有些棒球評論家相信可能後無來者。

但是，「棒」得美國少棒聯盟當局，以及一些美國棒球評論家「心酸酸」的，表現那一番輸不起的小氣，甚至決議指派專人來台調查我少棒比賽情形之外，還喋喋不休的企圖限制我少棒參加世界賽；則實在使我們既感到驕傲，復覺得駭異與嘆息。

美國少棒聯盟這些可笑的表現，對我們並沒有什麼實質的損害可言，真金不怕火，自然不怕調查，也不怕閒言閒語。譽之所至，常常謗亦隨之；謗的本身便反映出譽的難能可貴。

不過，我們要強調一點：論世界少棒賽，我們是連獲三屆冠軍的隊伍；論少棒賽規則，我們並無違背之處，然則，如果要講地位、講實力、講名望，我們少棒組織實較任何國家有說話的權利，有作主張的權利。美國少棒聯盟當局雖是主辦人，但是若是不講理，我們得理也不必忍讓。

美國少棒聯盟的表現，可謂有損美國傳統精神。我們建議此間美國大使館應對之有所勸解：不要鬧笑話，丟美國人的臉！

黑白集——不爲己甚

中華巨人少棒隊衛冕成功，凱旋榮歸，受到各界人士英雄式的熱烈歡迎，的確是當之無愧。因爲這批小將們的確個個都是身手不凡的小英雄，打遍天下無敵手，不僅爲中華民國爭取到莫大的光榮，而且也爲世界少棒創下了嶄新的紀錄。

誠所謂「譽滿天下，謗亦隨之」，由於巨人隊過於突出，有著超水準的優異表現，竟引起了美國部份人士的嫉妒與誹謗，散發出「違規」的流言。這些人「酸葡萄」心理和「輸不起」的氣量，本來不值得重視，不值得計較；但由於我們參加國際比賽，多少具有推進國民外交的意義與任務，最好既能贏得勝利，也能贏得友誼。似乎不必要人家過於難堪，特別是對於地主國的孩子們，稍微手下留情，給他們一點面子，不致傷了他們的情感，免得他們因沮喪而失去運動的興趣與比賽信心，也許更爲合算。

「不爲己甚」是我國傳統的美德： 總統對戰敗國的「以德報怨」，便是這種傳統美德最偉大的表現。今後我們在國際比賽中，最好能贏得勝利也贏得友誼。我們很贊同巨人隊領隊楊家寶的看法：只要能贏球就好，實在沒必要贏得叫人難堪。

《中央社》相關報導如下：

巨人小國手入華興就讀

【中央社台北十七日電】經蔣總統夫人的特准，中華巨人少棒隊的十二名小國手，今天進入環境幽美的華興中學就讀，開始接受德智體群四育並重的生活。

這批獲得今年世界少棒冠軍的巨人隊小將們，在家長們的陪同下，今天下午二時半坐專車到達華興中學辦理報到手續，受到校長江學珠及師長、同學們的熱烈歡迎。

江學珠告訴小國手們：「你們到華興中學讀書，是經過蔣夫人特准的。」

她勉勵小將們，在校期間要做個德、智、體、群四育並重的好學生。

巨人隊的小將們在參觀了校園後都說：華興環境幽美，空氣又好，是最好的讀書環境，也是練習棒球的好地方。

華興歡迎少棒學弟

〔1973年（民國62年）9月17日〕巨人少棒隊全體球員到華興中學報到入學，受到學長們的列隊歡迎。（馮國鏘攝）

　　本年度全國少棒賽共有高市立德、南市府城、花縣榮工、中市神虎、彰縣虎威、竹縣強風、北市北區等七隊，其中立德和府城兩隊實力最強。尤其府城隊繼去年南市巨人隊的餘威，打擊火力之強創歷年的紀錄，幾乎由一棒到九棒都有全壘打的實力。

　　儘管如此，比賽的第二天，府城對立德之役，立德派出原先隱藏不露的投手林文祥，成功地封住府城的打擊，終場立德以3比2擊敗府城。隨後，立德穩紮穩打，在接下來的比賽中守住戰果，最後一戰以1A比0險勝強風，以六戰六勝獲得冠軍。另一方面，府城雖然輸給了立德，但是敗而不餒，曾經以31A比0大勝強風隊，創下了國內少棒比數的紀錄。府城隊中的吳復連、謝長亨、洪正欽、黃武雄等人二十年後均成為中華職業棒球的好手。

蔣夫人的笑語
〔1973年（民國62年）9月6日〕
蔣夫人宋美齡女士以茶會招待世界冠軍華興青少棒和巨人少棒隊。（陳永魁攝）

1974

「三冠王」是台灣棒球運動的轉捩點
提高棒球運動揚威國際的自信心

此時已有成人的體魄和外表了。
這一年，中華少棒、青少棒和青棒三支隊伍向世界大賽分進合擊。

少棒由高市立德隊以黑馬之姿擊敗原本呼聲最高的南市府城隊取得代表權，
青少棒則由屏東美和奪魁，青棒則是以屏東美和為主體的明星隊。

由於三支球隊實力皆很強勁，先後在羅德岱堡世界青棒賽、
蓋瑞市世界青少棒賽以及威廉波特世界少棒賽中奪得冠軍，
為台灣社會帶來無比的榮譽和自豪。

青棒投手高英傑、補手李來發、青少棒投手徐生明、
強打李居明、少棒投手林文祥，成了第一屆「三冠王」的明星人物。

「三冠王」是台灣棒球運動的轉捩點，
它代表新一代已消除了上一代因落後貧窮曾有的潛在自卑感，
提高棒球運動揚威國際的自信心。

隨著「三冠王」蟬連數年，成人棒球的基礎日益厚實。

整整1980年代，台灣成棒成為國際棒界的一支勁旅，
屢創佳績，為日後職業棒球的誕生作了充份的準備。

美和青少棒隊捲土重來
〔1974年（民國63年）6月16日〕
美和青少棒隊獲得第三屆全國青少棒冠軍。（劉偉勳攝）

立德對府城的激戰
1974年（民國63年）6月28日
高市立德對南市府城冠軍爭奪戰中，
高雄市的球迷特別北上為立德隊加油助陣。（馮國鏘攝）

全國少棒錦標賽
1974年（民國63年）6月20日
全國少棒錦標賽揭幕，
圖為北市隊入場的情景。（劉偉勳攝）

美和隊奪得青少棒冠軍
1974年（民國63年）6月13日全
國青少棒決賽中，美和隊一隊員
擊出全壘打，隊友們在本壘位置
列隊迎接。（馮國鏘攝）

立德對威虎一役

1974年（民國63年）6月27日全國少棒賽立
德對威虎一役，立德隊球員偷壘被夾殺一
景。（馮國鏘攝）

立德奪取少棒冠軍

〔1974年（民國63年）6月28日〕

高市立德隊擊敗南市府城隊榮獲冠軍，球員們欣喜
若狂。（馮國鏘攝）

1974

民國63年

240

美和對華興一役
〔1974年（民國63年）7月4日〕
全國青棒賽，美和對華興一戰，最後雙方
以5比5打成平手。（陳漢中攝）

美和隊奪得青棒冠軍
〔1974年（民國63年）7月10日〕
美和青棒隊獲得首屆全國青棒
賽的冠軍。（馮國鏘攝）

首屆全國青棒賽有八支隊伍參加
這是台灣正式向進軍世界青棒邁出一大步

首屆全國青棒賽有八支隊伍參加，這是台灣正式向進軍世界青棒邁出一大步，也是對過去五年來發展少棒、青少棒運動成果的檢驗。參賽的八支隊伍為A組中市明德商職、高縣高苑工商、屏東美和中學、北市華興中學。B組嘉縣東亞高工、北市北體專、竹縣義民中學、北市稻江商職。比賽由A、B組的第一、二名共四隊進行循環決賽。由於青棒代表隊採明星隊，所以比賽結束後，全國棒球協會將由冠軍隊中選出八人，亞軍隊中選出四人，另外其他隊中再選出三人，共十五人組成中華青棒代表隊，以參加八月十日至十七日在美國佛羅里達州舉行的世界青棒賽。

全國青棒賽經過第一循環的初賽後，產生了華興、美和、北體、東亞四強。最後美和以兩勝一負獲得冠軍，華興和北體並列亞軍，東亞第三名。大會同時頒發最優的前三名打擊獎給高英傑、黃宏茂和盧瑞圖。

賽後，全國青棒選拔委員會九名委員投票選出中華青棒代表隊，他們是：投手四人—高英傑（東亞）、曾明德（美和）、龔富豪（美和）、彭仲達（北體），捕手三人—陳昭銘（美和）、王俊民（北體）、李來發（東亞）。內野手五人—陳進財（美和）、梁敬林（美和）、楊清瓏（美和）、盧瑞圖（華興）、林俊民（美和）。外野手三人—郭源治（華興）、江仲豪（美和）、劉秋農（華興）。由於是首次參加世界賽，台灣內部對於青棒隊能否與美國

身強力壯的青棒隊一決高下，仍缺乏十足的把握。《聯合報》記者孫鍵政的分析文章以及相關報導如下：

中華青年棒球代表隊產生了，但還要有效利用將近一個月的時間改進缺點，加強打擊，前往美國比賽，才能期望有理想成績。

美和隊選八名嫌多，棒協礙於領隊會議規定，只好照章行事，美和被第四名的東亞以7比2擊敗，完全暴露出弱點。如今在代表隊佔上八個名額，值得警惕，若不加強打擊訓練，怎敢期望出國打冠軍！

中華隊的經理與教練仍由美和隊人員擔任，他們所訓練的美和隊只在防守上有良好表現，投手與打擊似乎比不上華興、北體和東亞，因此，中華隊的技術人員要有雅量容納訓練專家前往指導，棒協似可組織訓練團協助之，像北體專的林敏政對球隊訓練很有心得，是其中一例。

中華隊的十五名選手，最大缺點是打擊力量太弱，大部份選手都沒有很好的打擊，因此，棒協宜考慮請個打擊教練來協助球隊。

世界青棒十個球隊參加，採雙淘汰制，這是中華民國第一次派隊參加，敵情不明，很難預測中華隊的未來成績。不過，值得注意的是：歐美青棒隊伍因先天體型條件，可能是人高馬大的球員，美洲球隊的傳統是強打，投手強投，防守比較鬆懈，假如外隊純粹是業餘球隊未經嚴格訓練，而中華隊投手、打擊與防守都能均衡發展，中華隊就可望打出好成績。

中華隊在出國比賽前，最好少打如意算盤，寧可假設美洲球隊都是經過良好訓練的隊伍，投手好、打擊好，我們加以有計劃的訓練應敵比較實在。

雖然目前敵情不明，可是從兩次在尼加拉瓜的世界成人棒球賽演出情形加以推測，也許相去不遠。亞洲日本及我國有過參加經驗，日本隊成績不俗，我國成績也不錯，主要是運用變化球投手壓制美洲球隊，同時以好的打擊爭取成績。

好漢郭源治
〔1974年（民國63年）7月10日〕
第一代金龍少棒投手郭源治成了第一屆中華青棒代表隊的成員。郭源治後來加盟日本職業棒球，成為台灣棒球史上的巨星。（于枕流攝）

　　這個比賽經驗可供中華青棒隊參考，目前青棒隊有六個投手──高英傑、曾明德、龔富豪、彭仲達、劉秋農、郭源治。他們都能投變化球，可是，真正快球的投手只有高英傑一人，其他五人的球速不夠快，如果碰上力氣大的打者，中等球速照樣打出全壘打，那麼，我們要用變化球壓制對方的戰略就要打折扣了，因此，投手投球的訓練也要適當訓練。

　　捕手三人選得非常好，尤其是東亞的李來發可算是當今國內最佳捕手，打擊也好，體型又高大，由他來跟高英傑配合是最佳搭配。

　　內野手五人，只有盧瑞圖打擊最正常，陳進財、梁敬林、林俊民、楊清瓏都未能發揮，楊清瓏因腳受傷還沒好，情有可原，陳、梁、林三人則要加強打擊指導。

　　這五人組成的內野防線應該是很堅固的，搭配已久默契好，唯一要注意的是傳球暴傳所造成的失誤，必須減至最小程度，如何做到這一要求，據辛辛那提紅人隊專家說，手指一定要握在球的縫線上，不能握在光滑處。另外，補位雖然已經不錯，但仍可做得更好。

　　這次選拔中華青棒隊，採取名額

分配是不妥當的，假如北體或東亞打到冠軍（並非不可能），這兩個隊之一要選八名球員就非常困難，華興隊有很好的打擊表現，卻只被選上三人似乎少了一點，黃宏茂打擊獎第二名擠不上國手榜，同時華興與美和比起來未見遜色，一個有八人入選，一個只有三人，相去難以萬里計，棒協的人員也承認這不是好方法，希望明年能改正。

【本報訊】專程來華羅致青棒球員的美國辛辛那提紅人職業棒球隊負責人赫森父子，及球探鮑文，定今天離華前往日本。

赫森父子及鮑文，原定昨天在台北市立棒球場為我國十七名青棒球員進行科學性測驗，但昨天只有來自台南的可口奶滋成人棒球隊球員洪文德接受測驗，並接受糾正缺點。

立德出發前的集訓
〔1974年（民國63年）7月23日〕
立德少棒隊參加在馬尼拉舉行的遠東區少棒賽時，進行賽前練習。（吳顯申攝）

調布隊的練球

〔1974年（民國63年）7月24日〕日本調布隊的三位主力投
手望月、高橋和安羅賽前亮相。（吳顯申攝）

赫森父子表示，他們希望能與我國兩名青棒球員簽約，加入紅人職業棒球隊，以後可能每年簽約二人。

他們目前所希望吸取的是東亞隊投手高英傑，另一名未透露，不過中華隊八月十日起參加在美國佛羅里達州舉行的世界青棒賽時，他們還要前往觀戰，更進一步觀察，再決定與我國球員簽約問題。

赫森父子等將繼續前往日本、夏威夷等地，物色青棒球員，以加入他們的棒球隊。

他們在台北看了青棒比賽，對我國球員提出一些建議：

一、跑壘要快，打擊之後要全速跑壘，爭取上壘機會。

二、長打要加強，長打是青棒球員未來發展的基礎。

三、投手球路可再增加，如不旋轉的墜球。

四、投手投球可借投手板的力量，加重投球力量。

五、儘量減少暴傳，手要握在球縫線處。

六、中華青棒隊去美國比賽，要先適應夜間球場的燈光。

他們認為我國青棒水準很高，反應很快，防守很好。

立德擊敗韓國

〔1974年（民國63年）7月24日〕立德隊第一場球賽以8比1擊敗韓國隊。（吳顯申攝）

1.教練曾紀恩

〔1974年（民國63年）7月14日〕

美和青少棒隊經理曾紀恩在棒球界耕耘多年。（馮國鏘攝）

2.馬尼拉華僑助陣

〔1974年（民國63年）7月24日〕

馬尼拉的華僑熱烈地為立德隊加油助陣。（吳顯申攝）

1974年遠東區少棒賽七月二十四日於馬尼拉黎剎棒球場舉行，由菲律賓總統馬可仕致詞，共有中華隊、韓國、關島、菲律賓、日本、香港等六隊參加。結果立德隊五戰皆捷，除了對菲律賓之戰贏得較驚險之外，其餘各場比賽均順利擊敗對手，衛冕遠東區少棒賽的冠軍。立德隊的隊職員名單如下：領隊洪福祿、顧問許漢水、經理蕭長遠、教練陳清茂、隨隊裁判王萬福、隊長高順德、隊員林文祥、郭耀宗、許榮貴、李傳祥、尤木東、黃財輝、高耀輝、陳正中、呂錫鏞、陳坤鵬、張見發、葉瑞文、陳鴻隆。

1.立德奪遠東冠軍
〔1974年（民國63年）7月31日〕
立德隊獲得遠東區少棒賽冠軍，由菲律賓返抵國門。（馮國鏘攝）

2.調布隊的投手群
〔1974年（民國63年）7月24日〕日本調布隊的三位主力投手望月、高橋和安羅賽前亮相。（吳顯申攝）

1

2

立德赴美前夕
〔1974年（民國63年）8月16日〕
立德隊赴美比賽，臨行前在機場的一景，
小球員還對著照相機做鬼臉。（陳漢中攝）

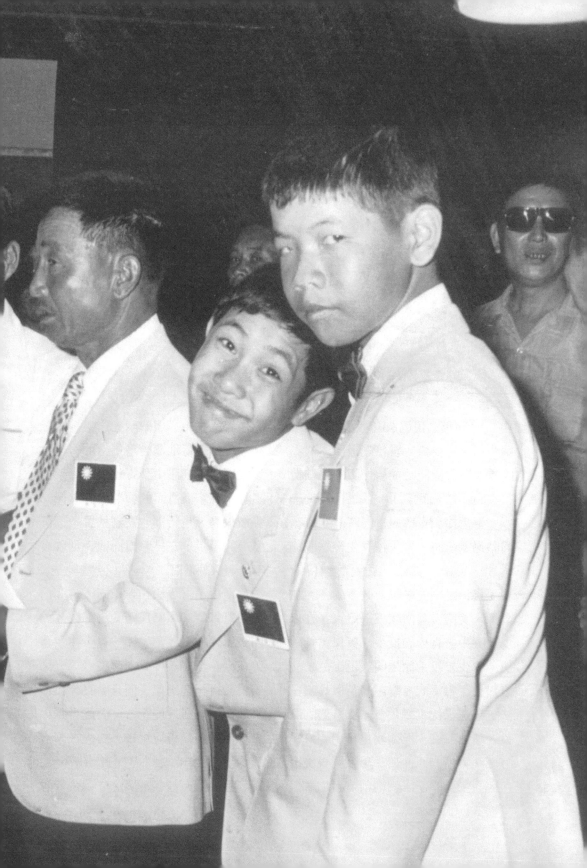

美國總統福特
接見獲得世界少棒冠軍的中華立德隊

1974年（民國63年）8月間，中華少棒、青少棒、青棒三級棒球代表隊首度在美國同時並肩作戰，為創造首次的三冠王而努力。

青少棒和青棒幾乎同時間開打，同時過關斬將。青少棒隊先後擊敗加拿大、美南、美西、美西隊獲得冠軍；青棒隊則先後擊敗波多黎各、加拿大、美南、美南隊獲得冠軍。在以上比賽中，青棒的投手高英傑、劉秋農，青少棒投手徐生明表現出色，完全封住了對手的打擊。高英傑高壓投法，球速很快，變化多，劉秋農的側投，球速較慢，但卻變化多端。打擊方面，青棒的江仲豪、李來發表現出色，青少棒的李居明則創下對加拿大

的一場比賽中，連擊兩支全壘打的紀錄。青棒舉行地羅德岱堡當地報紙曾以四欄篇幅稱讚中華青棒無懈可擊。這篇由克寧漢撰寫的報導對高英傑的評價很高，也特別欣賞劉秋農是不可多得的投手，在打擊方面他特別欣賞李來發與陳進財。

當中華青少棒和青棒同一時間內均獲冠軍時，中華民國交通部郵政局即表示，如果我國少棒、青少棒和青棒在今年世界錦標賽中都獲冠軍，郵局將發行紀念郵票，而且各界都已在籌備盛大的凱旋慶祝會。因此青少棒和青棒隊在獲得冠軍後，首先在華盛頓會合，然後立刻趕往賓州威廉波特，替三冠王最後一關的立德少棒隊

加油。此外，台灣電力公司表示，台電工作人員從儀表上可明顯看出，台灣地區本月12日、14日、15日、16日上午的用電量均大幅增加，因為百分之九十以上的電視用戶均打開了電視機，觀看一萬四千公里以外在美國羅德岱堡和蓋瑞舉行的世界青棒和青少棒比賽。

　　至於眾所矚目的立德少棒隊，戰績較青少棒和青棒不遑多讓，先後以16A比0勝美東、11A比0勝美中，最後再以12A比0勝美西，使得中華少棒第五度登上世界冠軍的寶座，也使三冠王的願望美夢成眞。在最後一場冠軍賽中，立德投手林文祥成功封鎖了美中的打擊，立德全場擊出13支安打，包括4支全壘打。這一年，中華少棒平了或打破以下的紀錄：

一、打破獲得最多冠軍紀錄：原由美東賓夕法尼亞州保持，共得四屆。中華隊參加六屆世界少棒賽，得了五屆冠軍。

二、破蟬連冠軍最久：美西蟬連三屆；中華隊已蟬連四屆。

三、創連勝十四場紀錄。

四、平一場比賽最多全壘打：立德隊

2

擊出四支，墨西哥蒙特里隊在一九五八年創下此項紀錄。

五、平個人一場比賽最多全壘打：林文祥在對美中、美西曾兩度平這項紀錄，都是一場兩支。

六、平個人三場最多全壘打：林文祥三場擊出五支，與一九七一年美北麥克林登同紀錄。

1.中華青棒首征美國
〔1974年（民國63年）8月2日〕
中華青棒代表隊授旗後赴美，準備由少棒、青少棒的發展中再上一層樓。（馮國鏘攝）

2.美國總統福特與林文祥
〔1974年（民國63年）8月26日〕
美國總統福特接見獲得世界少棒冠軍的中華立德隊，並與投手林文祥合影。

七、林文祥平一場比賽個人最多安打，他四次打擊，四次安打，在三場比賽中打擊率達零點八八八，是這屆打擊率第一的球員。

另外，值得一提的是：立德、美西之戰吸引了五萬現場觀眾，是世界少棒賽從來未有的情形。

三支棒球隊先後在美國獲得冠軍，國人欣喜若狂，放鞭炮慶祝，喜慶洋洋，猶如佳節，人人洋溢著自豪感。《聯合報》黑白集分別以「為下一代歡呼」和「棒！棒！棒！」反映當時的社會情緒：

我青棒、青少棒在美國雙雙奪得錦標歸，定今日返抵國門。他們這次在美國過關斬將，爭得的不只是世界青棒冠軍，不只是又一度的世界青少棒冠軍；更是國家的光輝，民族的榮輝；更是僑胞的鼓舞，友邦人士對我的深一層認識與好感。在我們頻遭橫逆，在國際間被迫一再自外交據點上撤退之際；在海外僑胞寄人籬下、心憂故國、感到無限苦悶之際；我們的下一代能夠如此為國家民族爭氣，如此振我大漢聲威，如此激發士氣民心，如此鼓舞僑胞，實在大可欣慰，

大可讚美了！

現在小將們已為我們獲得了「三冠王」的榮譽，今天第一批、第二批部隊先高擎著「二冠」歸來，我們不只要好好的慰勞他們、獎勵他們，尤其要好好的珍惜孩子們爭得的成果，播種又播種，使它盤根錯節，伸向更廣更大的土地；使它叢生滋長，開出更多更美的花朵。

我們不單單要進一步鞏固青棒、青少棒、少棒的既有基礎，進一步發展成人棒球，向「四冕王」的目標邁進；尤其要發揚光大這種團隊精神，國家民族榮譽感，使之衍展為全民的，全社會的中興精神總動員。

讓我們向優秀的下一代歡呼！

中華立德隊衛冕成功，中華民國第五度蟬聯世界少棒冠軍，捷訊傳來，舉國興奮！

今年中華民國在世界棒球運動史上寫下了最光輝的一頁。中華代表隊始而榮膺世界少棒盟主，繼而晉升為世界青少棒盟主，今年更上層樓，躍居世界青棒盟主。三種棒球的世界冠軍錦標全都歸於我國，乃使我國在世界棒球運動上，成為舉世無匹的「三

冠王」。

由少棒而青少棒、而青棒，這一層層的上升、一步步的晉級，顯然已為我國成人棒球奠定了堅實的基礎，我們仍應更加努力，更上層樓，以世界成人棒球冠軍為我們進軍的目標。同時，由於我國在棒球運動上的優異表現、突出成就，可以證明我們中華民族是一個極優秀的民族，無論體能方面、智能方面，都具有深厚的潛力，倘能發揮團隊精神，謀求集體發展，必能充份使出我們的潛力，在世界上出人頭地。就運動這一項而言，我們更需要提倡全民體育，在各項運動中作多方面的發展。

炎黃世胄，中華兒女，我們已在世界上贏得了「棒！棒！棒！」的殊榮。

青棒、青少棒榮歸國門
〔1974年（民國63年）8月26日〕
中華青棒和美和青少棒隊榮獲世界冠軍，凱旋返抵國門。（馮國鏘攝）

至於一向「先天下之憂而憂，後天下之樂而樂」的謝國城在克盡其功之後，又開始在著想成人棒球的問題了。在威廉波特時，謝國城說出他的看法：

【本報特派員施克敏美國賓州威廉波特廿五日電話】中華棒協理事長謝國城說，在少棒、青少棒、青棒分別贏得世界冠軍後，接著要發展的是成人棒球，可是，發展成人棒球困難很多，其中最傷腦筋的是升學和出路兩大問題。

在這兩大問題一時不易找到較好的解決之道前，他主張培養球員到國外打職業棒球，這樣可以幫助我國棒運發展，刺激球員們求進步；同時還可讓其他國家了解我國棒球進步的情形。

他說，如果王貞治不是在日本打職業棒球，恐不會成為世界聞名的棒球選手。

謝國城說，國內少棒到青棒間的球員並不缺乏，除了參加世界賽的這些好手外，國內還有許多很好的球員。這些人將來都將是我國成人棒球的骨幹。問題只是：如何安排他們的生活與就業。

至於升學問題，目前國內的輔導辦法只限於優待進入有體育科系的學校，這是不夠的。如果這些問題能獲得更好的解決方法，球員們便可安心打球，不致半途而廢。將來，成人棒球也容易獲得好球員，球隊也就會多起來。

1

1.徐生明與李居明

〔1974年（民國63年）8月26
日〕美和青少棒的主投徐生
明（左）和強打李居明。
（馮國鏘攝）

2.高英傑與李來發

〔1974年（民國63年）8月26
日〕中華青棒隊的兩大功
臣，投手高英傑（左）和捕
手李來發（右）。（馮國鏘攝）

1

1.陳昭銘

〔1974年（民國63年）8月26日〕

中華青棒選手陳昭銘返台時，祖母特別到機場
去迎接。（馮國鏘攝）

2.立德隊凱旋

〔1974年（民國63年）9月4日〕

立德少棒隊榮獲世界冠軍，載譽歸國，在機場
受到女學生的獻花歡迎。（陳漢中攝）

3.林文祥傲人的戰績

〔1974年（民國63年）9月4日〕

立德投手林文祥返國時，父母和弟弟都到機場
迎接。林文祥個人擊出五支全壘打，平美北隊
麥克林登在1971年創下的紀錄。（陳漢中攝）

2

3

全民共享的喜悅

〔1974年（民國63年）9月4日〕

立德少棒車隊凱旋遊行，經過中華路時，陸橋上站滿了圍觀的市民。（陳漢中攝）

黃財輝與黃耀宗

〔1974年（民國63年）9月4日〕

立德少棒車隊穿過總統府前的大馬
路時，圖為隊員黃財輝和郭耀宗。
（陳漢中攝）

奪得一九七四年世界少年棒球賽冠軍的
中華立德隊，昨天中午十二時
帶著錦標凱旋，台北市民夾道歡迎

立德少棒隊是三級棒球隊中最後一支返台的球隊，基於少棒光榮的傳統，他們所受的歡迎也是最熱烈的。報上有關立德隊歸來的盛況報導如下：

【本報訊】奪得一九七四年少年棒球賽冠軍的中華立德隊，昨天中午十二時帶著錦標凱旋，台北市民夾道歡迎。

他們穿著整齊制服，投手呂錫鏞手執青天白日滿地紅國旗前導魚貫下機，十九位女學生為他們戴上花環綵帶，然後分別乘坐專車浩浩蕩蕩遊行台北市區。

「三冠王」時代來臨
〔1974年（民國63年）9月4日〕
立德少棒參加電視台的歡迎節目「少棒之夜」，象徵「三冠王」時代的開啟。（陳漢中攝）

小國手們經過敦化北路、南京東路、中山北路、復興橋、忠孝東路、中華路、寶慶路、總統府、重慶南路、愛國西路、羅斯福路到僑光堂。沿途，數以萬計市民熱烈歡迎，並燃放鞭炮表示慶祝。

小國手們彬彬有禮，沿途頻頻揮帽答禮。

在總統府前，他們曾下車整隊，高呼：「中華民國萬歲、蔣總統萬歲。」

下午二時，在僑光堂舉行記者會，領隊洪福祿說：感謝國人的愛護，也感謝海外僑胞的關懷。

中華民國棒球協會理事長謝國城說，中華少棒隊跟青少棒隊、青棒隊一樣，贏得了比賽，也贏得美國人的好感。

全國各界在下午五時設宴僑光堂，歡迎少棒隊凱旋。

中華少棒隊定六日上午七時搭乘光華號離開台北，返回高雄，高雄市民已經籌備熱烈歡迎。

永遠甜美的記憶

〔1974年（民國63年）10月6日〕

中華少棒、青少棒、青棒首度獲得「三冠王」的成果，在台北萬年大樓展出，孕育了日後中華成棒的茁壯以及中華職棒的誕生。（陳漢中攝）

國家圖書館出版品預行編目資料

三冠王之夢／徐宗懋著. -- 一版. -- 臺北市
：大地，2004〔民93〕
面； 公分. --（經典書架；5）
ISBN 986-7480-08-2（平裝）
1. 棒球－臺灣－照片集 2. 棒球－臺灣－
歷史
528.955 93008373

三冠王之夢

編 著：徐宗懋
創 辦 人：姚宜瑛
發 行 人：吳錫清
美術編輯：普林特斯資訊有限公司
出 版 者：大地出版社
台北市內湖區內湖路二段103巷104號
劃撥帳號：○○一九二五二～九
戶 名：大地出版社
電 話：（○二）二六二七七七四九
傳 真：（○二）二六二七○八九五
印 刷 者：普林特斯資訊有限公司
一版二刷：二○○四年七月

定 價：二八○元

E-mail：vastplai@ms45.hinet.net　　　　　　　Printed in Taiwan